中华经典百句

周易

百句

王振复　著

中华书局

图书在版编目(CIP)数据

周易百句/王振复著. —北京:中华书局,2024.6
(中华经典百句/陈引驰主编)
ISBN 978-7-101-16585-2

Ⅰ.周… Ⅱ.王… Ⅲ.《周易》-研究 Ⅳ.B221.5

中国国家版本馆 CIP 数据核字(2024)第 059989 号

书 名	周易百句
著 者	王振复
丛 书 名	中华经典百句
丛书主编	陈引驰
丛书策划	贾雪飞
责任编辑	黄飞立
封面设计	毛 淳
责任印制	陈丽娜
出版发行	中华书局
	(北京市丰台区太平桥西里 38 号 100073)
	http://www.zhbc.com.cn
	E-mail:zhbc@zhbc.com.cn
印 刷	天津善印科技有限公司
版 次	2024 年 6 月第 1 版
	2024 年 6 月第 1 次印刷
规 格	开本/880×1230 毫米 1/32
	印张 9⅝ 插页 2 字数 140 千字
印 数	1-8000 册
国际书号	ISBN 978-7-101-16585-2
定 价	58.00 元

总　序

　　我们的"传统",是我们走向未来的负担还是资源？这个问题曾经,或许至今仍会引起人们的争议。

　　在我看来,答案是清楚的。

　　世上没有纯然正面的或者纯然负面的存在,既有的经验对于当下及未来的价值如何,端赖我们自己的抉择。今天,我们应该都了解,所谓"传统"不是过往存在的一切,而是被身处时间下游的我们在此刻所看取、认同和实践,从而得到延展、生发的那一部分。我们不是被动地承受"传统"的影响和作用,而是在承受的同时,站在我们当下的立场,努力尝试着塑造"传统"。说到底,我们的当下和未来,由我们自己负责,而不是任何过往。

　　在这个意义上,我们既往的文化传统,在人类文明的发展之中,历史既悠久而绵延,蓄积自非常之丰厚,足以成为我们的资源,供我们弋取、参稽、实践。这是我们对中华文化的先人们理所应当怀抱感恩之情的缘由。

中华文化的多元丰富，呈现在物质、制度和精神诸方面，而各层面的传统文化当今的存在与价值，容有不同的现实意义和可能前景。物质文明曾有的光辉，已经历了日新月异的知识、技术进步的挑战；制度的构造在空前扩大的时空范围内，处于与不同文明的别样类型持续的协商、通约之中；观念与思想的世界在显示着独特的精神取向的同时，有待更深入的沟通、理解和互融。

然而无论如何，我们走近乃至走进我们自己的文化传统，尤其是观念与思想世界的路径，是通过传统的典籍。历代流传至今的中华经典，最为直接而全面地承载了我们的文化。我们文化的历史信息、知识经验乃至聪明智慧，有赖经典文本留存、展现在我们眼前。

中华经典，远可追溯至三千年前，近则可晚到近代一二百年间，广涉从物质文明到思想精神的广阔世界，或长篇巨制或精悍短什，或独抒己见或众声喧哗，或曲折深奥或直白如话，或想落天外或精思入微，数量既夥且形态各异，辩理怡情而各有所宜，上天入地至涵括万有。遍读经典，尽览智慧，只能是理想；钩玄提要，萃取精华，才可谓现实。

"中华经典百句"系列，有意择取历史上具有重要地位且对当下有积极启示的经典文本，寻章摘句，直取关键，对原句加以易解的注译，缀以解说者的认识、领悟和发抒，期待读者能与解读者一同尝脔肉而知鼎味，窥一斑而略识全豹。

或曰："'七宝楼台，眩人眼目，碎拆下来，不成片段'，如此截取语句，岂非破坏了经典本来的整体光华？"然而，古典诗学中有所谓"诗眼"之说，陆机《文赋》也提到文章中"片言而居要""一篇之警策"的情形，经典篇章本身终究内含有精彩而关键的语句，无妨采撷；进而，即使采撷之后的片片闪光与原初的整体光华不尽契合，但如月映万波，水波所映现的万千光闪并非本来之月光，但它们确实是对天空月光的回映，是月光之映照的斑斑印迹——从经典中撷择的精言警句，岂不也正是经典光彩的种种投射？

陈引驰

2024 年 5 月 28 日

目 录

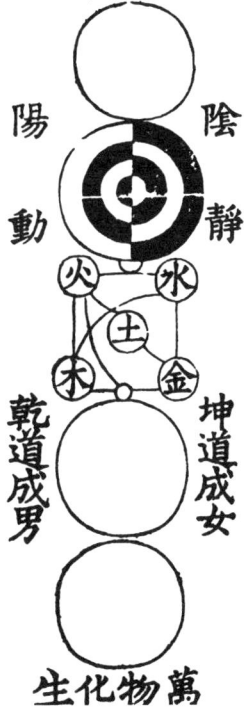

太極圖

陽　　　陰

動　　　靜

火　水
　土
木　金

乾道成男　　坤道成女

萬物化生

引言　先学点象数

　　大凡中华人文经典，无论《老子》《庄子》，还是《论语》《孟子》，都是一个个极富文化精神的宝库，警句、名句迭出，令读者甘之如饴，深受启迪。凡此警句、名句，都是人文思想的结晶，经过历史的锤炼，由时间积淀、生发而成，有些逐渐成为脍炙人口、永远"活着"的成语和格言。那些当今被称为"金句"的，其智慧和意蕴的光芒，灿烂而恢宏，它们的文化底蕴，尤为丰赡而深邃。

　　今本《周易》，这部作为"群经之首"人文经典的"金句"，自然不例外。

　　正如钟嵘《诗品》所说，所有的人文经典包括《周易》，皆以"奇章秀句，往往警遒"而邀人青眼、启人心智。《周易》的警句、名句很多，它们活跃在本经的卦辞、爻辞和《易传》的字里行间，好像天幕上一颗颗璀璨的明星，既是易理与易学知识的一个个重要节点，也是《周易》所传承的生活智慧与人文真理的关键所在。

易学家尚秉和先生说:"最多者《易》解,最难者《易》解。"此言是矣。在《周易》诸多警句和名句中,有不少思想意蕴深厚却颇为难解。这里,趁撰写这本小书的机会,一并试加解读。

在解读"周易百句"前,读者应当懂一点儿最基本的象数知识,这对于理解《周易》的意义和意蕴,无疑是至关重要的。

今本《周易》凡六十四卦,都由上(外)下(内)两个三爻卦即八卦所构成;每卦六爻,一共三百八十四爻。阳爻称九,阴爻称六。《周易》有卦辞六十四条,爻辞三百八十四条,以及乾"用九"、坤"用六"两条辞文,这是本经部分。《易传》亦称《易大传》,包括《彖辞》(上下,亦称《彖传》)、《象辞》(大小,亦称《象传》)、《系辞》(上下,亦称《系辞传》,下同)、《说卦》、《序卦》、《杂卦》以及专门用以解释乾、坤两卦的《文言》,一共为七篇大文十个部分,故《易传》又称"十翼",是解读与发挥本经卦爻辞意义的文辞。

从象数看,《周易》每一卦的六爻之间,构成了繁复、深邃的爻位、爻时的动态联系。除了乾、坤两卦为纯阳、纯阴卦体以外,其余六十二卦的每一卦,都由数量与爻位不一的阴爻与阳爻组成。

每一卦的爻位,自下而上,依次读为初、二、三、四、五、上。初、三、五为阳位,二、四、上为阴位。阳爻居于阳位,阴爻居于阴位,称为"得位";阳爻居于阴位,或阴爻居于阳位,称"失位"或"不得位"。筮遇"得位"的爻,往往为"吉";筮遇"失位"的爻,往往为"凶"。但也有例外,有时"得位"反而为"凶","失位"反而为"吉",这便是《易传》所说的"阴阳不测之谓神"。

我们在学习、解读《周易》的卦爻辞时,懂得一点儿爻位知识,是很有用的。这主要有七种:

第一,"承",阴爻居于阳爻之下,称"阴承阳"。

第二,"据",阳爻居于阴爻之上,称"阳据阴"。

第三,"乘",阴爻反居于阳爻之上,称"阴乘阳"。

第四,"比",指阴、阳二爻相邻。阳爻在阴爻的上面,为"正比",阳爻在阴爻的下面,称"反比";两个或以上阳爻、两个或以上阴爻相邻,则不成"比"。

第五,"应",指初与四、二与五、三与上的爻位之爻,假如各自为阴阳关系,相互构成"应",否则不"应"。阳爻在阴爻上面的,称"顺应";阴爻在阳爻上面的,称"逆应"。

第六,"中",每卦第二和第五爻位,为中位。阴爻居于第二爻位(阴位)、阳爻居于第五爻位(阳位),称"得位""得中",否则便是不"得位""得中"，或称"失位"；"中"还有另一个意义，以初、二爻位喻地，三、四爻位喻人，五、上爻位喻天，则三、四爻位称为"中"。

第七，"互"，也称"互体"。六十四卦的每一卦，除了下（内）、上（外）两个卦外，还有二、三、四和三、四、五爻位上的两个卦，构成互体卦。

这七种爻位之间的复杂关系，六十四卦中绝大多数的卦象都是兼有的，只有乾、坤两卦，因为是纯阳、纯阴的卦体，除了具有"中""互"关系外，没有"承""据""乘""比""应"等关系。

象数学十分复杂，这里所介绍的爻位（爻时）知识，仅仅是《周易》象数的简单入门，我们在读《周易》这部大书时，会常常遇到，解读"周易百句"也是如此。

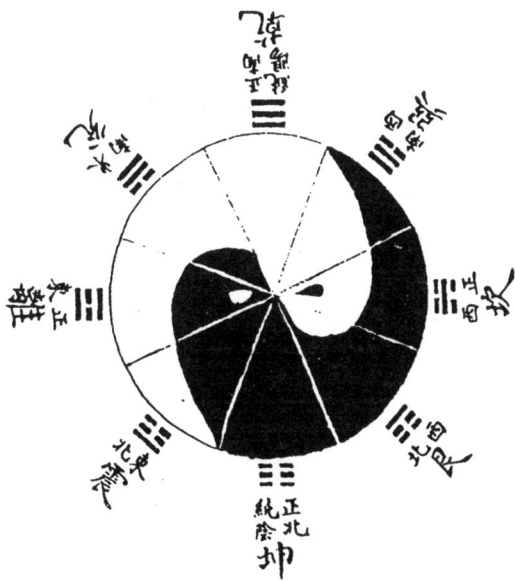

潜龙勿用

潜龙,勿用。

(乾卦☰初九爻辞)

潜藏于深渊的龙,不宜妄动。

这是《周易》六十四卦第一卦乾卦的初九爻辞。意思是，筮遇初九，它的爻象是潜隐的龙，筮得的结果，预示了人在此时不宜轻举妄动，应当像龙潜在深渊，以积蓄力量为上，徐图发展。这是因为，初九居位不利。据爻位说，"初阳在下，故有'潜龙'之象。此时未可有为，故有'勿用'之象"（陈梦雷《周易浅述》）。《易传·象辞》也说："'潜龙，勿用'，阳在下也。"

在社会生活中，当一个人处于不利境遇时，应当清晰地认识到，此时自身的力量尚嫌不足，既然时机于我不利，尤其应当谦退在下，谨言慎行，不可好高骛远而去做力不胜任之事，以免吃力不讨好而一败涂地。这是一种理性而冷静的生存智慧与生活态度。

飞龙在天

飞龙在天,利见大人。

(乾卦☰九五爻辞)

这是乾卦六爻中最为重要而著名的一条爻辞。意思是，筮遇九五，龙象腾飞在高天，是天下出现圣君英主的预兆，筮得的结果是大吉大利。按爻位说，乾卦九五爻居于全卦第五爻位，阳爻居于阳位，又处在上卦的中位，所以是"得中""得正"的爻，非常吉利。乾卦九五作为全卦主爻，被称为"帝王之爻"。中国古代，帝王称"九五之尊"，它的出典，就是这一乾卦九五爻。

《象辞》这样解读："'飞龙在天'，大人造也。"象喻帝王出世造法，君临天下。《易传·文言》说："'飞龙在天'，乃位乎天德。"唐代孔颖达《周易正义》说，此"言九五阳气盛至于天，故云'飞龙在天'，此自然之象，犹若圣人有龙德，飞腾而居天位，德备天下，为万物所瞻睹，故天下利见此居王位之大人"。清代陈梦雷《周易浅述》这样解说："（乾卦）六爻皆天德，而五乃天位，天德之得位者，唯有是德，乃宜居是位也。"这是以爻位说解读乾卦九五易理，说得很到位。

亢龙有悔

亢龙，有悔。

（乾卦☰上九爻辞）

注释：

悔：罪错。

译文：

飞到极高的龙，有错悔。

这一爻辞原本的意思,是说乾卦上九为阳爻居于阴位,所以不"得位"。筮遇此爻,爻象是飞得极高的龙无可再高,这是很凶险的。尚秉和《周易尚氏学》所以说:"穷高曰亢。上九居卦之极,故曰穷。在六爻之上,故曰高。高则易危,穷则事尽,故有悔。"又说:"按乾盈于巳,盈则亏,满则损,乃天道之自然。"说得太好了。

"亢龙有悔",一个富于智慧的警诫之词。所谓"亢龙",象喻地位极高而不知物极必反之理的狂妄者,他们不自量力,不承认时机极为不利而逆天害理,无论是位高权重者,还是细民百姓,一旦骄慢无知而妄动,没有不惨败的。其教训是,唯有高瞻远瞩,洞察幽微,虚怀自守,把握时机,从而顺势而为,才能立于不败之地。

一个政治领袖,位极人伦,至高无上,一旦居功自傲,刚愎自用,逆天下人心而妄动,则必登高而跌重,甚而身败名裂,这就是"亢龙有悔"。所以《文言》说:"'亢龙,有悔',何谓也?子曰:'贵而无位,高而无民,贤人在下位而无辅,是以动而有悔也。'"据爻位说,这里所谓"贵而无位,高而无民",即位高权重而悖逆了应居之位,高高在上却是孤家寡人,是说乾卦上九为阳爻居于阴位,因不"得位"而错悔;"贤人在下位而无辅",指乾卦上九不能与九三构成相应的关系。

群龙无首

见群龙无首,吉。

(乾卦䷀"用九"之辞)

注释:

见：xiàn,出现的意思。

译文:

出现了群龙不现首尾的天象,是吉利的。

这里先说"用九"一语的意思。乾卦有"用九",坤卦有"用六",两者是相应的。这是《周易》六十四卦中,唯有乾、坤两卦才有的特殊文辞,位于乾、坤两卦第六爻辞之后。"用九"(用六)的"用",是"通"的意思。

纯阳的乾卦,正如纯阴的坤卦一样,有一种《老子》所说"冲气以为和"的内在动势,便是乾变为坤、坤变为乾。就此而言,高亨《周易大传今注》称"用九犹通九",不是没有道理的。这有两个意思:一、指乾卦六爻,都是一色的阳爻,都称为"九";二、指乾变为坤、坤变为乾的永恒必然性。乾卦的阳性纯度极高(正如坤卦的阴性纯度极高),而无可再高,则必然导致乾变而坤(坤变而乾)。乾、坤两卦,互为"错卦"关系,指乾卦、坤卦相应六个爻位上的爻性,都是相反的。相反者必相成,所以物极必反,乾转嬗为坤,坤转嬗为乾,这是"天理自然"。君子顺应于此,便是替天行道,所以"吉利"。

《周易尚氏学》指出:"'见群龙无首,吉'者,申(申说)遇九则变之义也。九何以必变?阳之数九为极多,故曰群。阳极反阴,乃天地自然之理。"《易传·说卦》云"乾为首",因而"变坤则无首,无首则能以柔(指坤卦)济刚(指乾卦),故吉"。

这是对"群龙无首"这一易理贴切的理解。"群龙无首",已经成了一个常用的成语,它的意思却从根本上改变了,指一群人一旦失去引领者,便成为一盘散沙、乌合之众。它的易学本义,被残酷地消解了,这是颇为令人惊讶的事情。

大哉乾元

　　大哉乾元，万物资始，乃统天。云行雨施，品物流形。大明终始，六位时成，时乘六龙以御天。乾道变化，各正性命。保合大和，乃利贞。首出庶物，万国咸宁。

（乾卦䷀《彖辞》）

注释：

　　大：太的本字，原本、原始的意思。

译文：

　　伟大的乾元阳气，是世界一切事物发生的本根，来自乾阳对于天道的统御。乾元阳气作为根本，与坤阴之气结合，使得云气流行，雨泽普施，生命万类得以在大地上蓬勃生长而成为形体。灿烂、辉煌的太阳永恒地东升西落，按照天道时序的规律而运行；乾卦六爻所象喻的时间，好比六条巨龙循天飞腾。乾阳天道的运行变化，决定与规范了物类各自的天性、命运和地位。乾坤这一阳刚、阴柔之气的结合，是原始而根本的和谐，体现为万类生命的元气，具有充沛、亨通、利和、正固而无有偏枯的特质。乾阳作为生命之气的原始，是万类发生、发展的根元，好比人类社会中君临天下，四海太平。

对《周易》本经最早作出解读而留存至今的《易传》,其中的《象辞》可能成文较早,是专门用来解读《周易》六十四卦卦辞的文辞。本书择取的许多语句就来自《象辞》。

这里引录的一段《象辞》很是有名,集中解释了乾卦的"乾"是什么意思。

在古人看来,天下万物是由乾阳坤阴和合而生成的。乾、坤二卦及其易理,是六十四卦中最重要的,这便是《易传》为什么说"乾坤,其易之门邪"的缘故了。然而与坤阴相比,伟大的乾阳,作为生命的元气,是世界上一切事物赖以发生的本根,它是神性之天、自然之天和伦理之天的原始发生者,所以称为"大哉乾元,万物资始"。

自强不息

天行健，君子以自强不息。

（乾卦☰《象辞》）

译文：

　　天道运行，乾阳之气刚健雄强，君子以天道为榜样奋斗不息。

这是释读乾卦很著名的一条《象辞》。《象辞》，也称《象传》，包括"大象""小象"两部分，共四百五十条辞文。

天道运行，自有其规律，君子绝不可逆天而行，唯有以天道为准则，砥砺自强而奋斗不息。《周易浅述》说："行健者，在天之乾。不息者，在我之乾。"乾卦象征天、父、动、刚，等等，凡是乾的，都指奋励不息的阳刚之气，象征伟大而沉雄的君子人格。君子以乾天为光辉榜样，秉承乾天的品格，处处时时自强不息。

这里的关键词，是君子道德人格意义上的"自强不息"。乾天本是刚健，具有不断奋励、雄起的人文品格。无论力量弱小、处境艰困，无论前途不明、世界多变，无论事业辉煌、一帆风顺，都应当保持一往无前、百折不回的"自强不息"的奋斗精神和人生志向。时时处处审时度势、谨慎谦虚、冷静清醒，不冒进，不蛮干，也不畏缩不前，而是奋励不已，生生不息。

这里顺便说一句，清华大学的校训"自

强不息,厚德载物",便取自关于乾、坤二卦的《象辞》。与此相媲美的,是复旦大学的校训"博学而笃志,切问而近思",取自《论语·子张》所载子夏语。这两大校训,都具有丰富而深邃的人文精神。

乾天的阳刚和进取,是易理的第一精神诉求,让人深感《周易》所宣说的刚雄之力,可以激励我们踏平一切艰难困苦。拙著《周知万物的智慧——〈周易〉文化百问》曾经这样写道:"有的人怨天尤人,悲观失望,不思进取;有的人鼠目寸光,畏首畏尾,意志薄弱;有的人体会不了天的崇高,没有刚健的心胸去仰望苍穹,只是一味地咀嚼个人的悲欢;还有的狂妄自大,不尊重事物规律,莽撞蛮干,凡此种种,都离开乾天的精神与境界甚远,都与'自强不息'相违背。"

君子四德

元者,善之长也。亨者,嘉之会也。利者,义之和也。贞者,事之干也。君子体仁足以长人,嘉会足以合礼,利物足以和义,贞固足以干事。君子行此四德者,故曰乾: 元,亨,利,贞。

(乾卦☰《文言》)

译文:

　　所谓乾阳之气,作为天下一切事物发生的开始,是道德人格的善美之首。亨通,为乾阳、坤阴两美会通。利和,阴阳对立而调和,彼此适宜。正固,是道德人格的根本。君子以乾阳为道德准则,体会、践行仁的道德,便足以提升崇高人格;阴阳交会,足以合乎规矩;以利和之心和他人、他物相处,达到和谐的境界,足以合乎道义;道德正固而贞纯,足以堂堂正正地处世为人。君子遵行这道德四则,所以可以将"元亨,利贞"这一乾卦卦辞,转嬗、提升为"元,亨,利,贞"。

在解读与欣赏这里所说的"君子四德"前，有必要先来简略地说说元、亨、利、贞四字原本的意思。乾卦卦辞先有此四字，读为"元亨，利贞"，大意是，人们算卦的时候，筮遇乾卦的结果，为可以进行祖神祭祀，是吉利的占问。这里，"元"，原始、原初的意义，转义指血族祖神。"亨"，《正字通》说："亨，即古享字。"本义指烹制食物，用于祭祀祖神。高亨《周易大传今注》："亨即享字，祭也。""利"，吉利、有利。"贞"，占问、贞问。

《左传·成公十三年》说："国之大事，在祀与戎。"古人把祭祖和用兵打仗，看作国家的头等大事。《周易》乾卦有"乾为阳""乾为天""乾为日""乾为刚"等喻义，实际都是以"乾为父"即乾为祖神为其根本。祭祖和祭日，是源自上古文化的同一主题。乾卦的喻义，始于上古先民对太阳神和祖宗神的双重崇拜，实际重在把祖神当作日神一样加以崇拜，因而祭祖尤为虔诚。祭祖的文化底蕴，在于崇拜与歌颂祖先的伟大生命力、生殖力。黑格尔说，古代东方包括吾伟大中华"所强调和崇敬的往往是自然界的普遍的生命力"，"是生殖方面的创造力"。祭祀祖先，是坚信通过虔诚的祭拜，可以使得生育旺盛而传至永世。《周易》一书中，除了乾卦，还有屯卦、临卦与革卦，都有"元亨，利贞"四字，坤卦卦辞有"元亨"二字，可以看作"元亨，利贞"的简省表达，都与祭祀祖神有关。

我们再来谈谈《文言》如何解读本经的"元亨，利贞"。这里，原本的"元亨，利贞"，读为"元，亨，利，贞"，是《文言》对于本经"元亨，利贞"这一本义的发挥，称为"君子四德"。

子夏，就是说出千古名言"博学而笃志，切问而近思，仁在其中矣"的那位孔夫子的高足，曾经写有《子夏易传》（已亡佚）一书，如今只留下了关于"元亨利贞"所谓"君子四德"的一则箴言，便是"元，始也；亨，通也；利，和也；贞，正也"。《文言》这一大段话，大概是对子夏所说"元亨利贞"意义的再度发挥。

　　"君子四德"一说,源自《文言》。后世有进一步发挥。孔颖达《周易正义》云:"元亨利贞者,是乾之四德也。"李鼎祚《周易集解》则说:"元为善长,故能体仁,仁主春生,东方木也。亨为嘉会,足以合礼,礼主夏养,南方火也。利为物宜,足以和义,义主秋成,西方金也。贞为事干,以配于智,智主冬藏,北方水也。"这是以仁礼义智配春夏秋冬、东南西北、木火金水、生养成藏,来解说"元亨利贞",实际把这一"君子四德"看成"天地自然之易"。

修辞立诚

子曰："君子进德修业，忠信所以进德也。修辞立其诚，所以居业也。"

（乾卦☰《文言》）

译文：

孔子说："君子增进美德，修治事业，只有忠信才能如此。君子说话、写文章，只有内心实诚，才能在事业中安身立命。"

孔子这句话的意思是说,君子的道德水准提升,才能修治事业;唯有忠挚诚信,人格上才能增持其美德。说话、写文章的人内心实诚,才能使得事业立于不败之地。

这里关键的一句,是"修辞立其诚","修辞"一词,典出于此。然而,这里所强调的,是说话、撰文须以"诚"为本,以"诚"为先,不能假仁假义、口是心非。"立其诚"即立其诚笃,是原始儒家所提倡、遵循的为人做事的人格准则。后来的儒家学说尤其是宋明理学,将"诚"提高到了哲学本体的高度。仁者,诚也;诚者,天也。

清代李光地《周易折中》引程颢说:"'修辞立其诚',不可不予细理会。言能修省言辞,便是要立诚。若只是修饰言辞,为心只是为伪也。修其言辞,正为立己之诚意。"陈梦雷《周易浅述》也说:"人不知究竟所在,则不知所终。知之而不务至乎其极,虽所行偶有合宜,亦不能存。知终则深知万事归于一诚,而以修辞立诚终之,则凡事之裁制,合宜而为义者,皆无不存,而业自修矣。"

同气相求

九五曰"飞龙在天,利见大人",何谓也？子曰："同声相应,同气相求。水流湿,火就燥；云从龙,风从虎。圣人作而万物睹。本乎天者亲上,本乎地者亲下,则各从其类也。"

（乾卦䷀《文言》）

译文：

　　乾卦九五爻辞说,"龙腾飞在苍穹,这是天下出现圣王的佳兆",这是什么意思呢？孔子回答："同类的声音,互相应和；同类的生命之气,彼此相求。液水流向湿地,是湿上加湿；火焰烧着干柴,火势更旺。有龙腾飞的天空,便有云水相伴；有虎啸叫的山林,便有泠风相生。圣人治理天下,眼前万物生辉。那些原本阳刚的事物,因其天性而亲和在上；那些原本阴柔的事物,因其地德而亲和于下——便是各自同类相互感应的缘故。"

这是《文言》对乾卦九五爻辞的解读,本来说的是筮遇乾卦九五,爻象为高飞在苍穹的巨龙,预示天下将出现明君英主,可以说吉利之至。可是,《文言》却引出了所谓"同声相应,同气相求"这一话头,似乎和"龙飞九五"以象喻"九五之尊"无关,实际不然。

在古人心目中,《周易》的算卦之所以"灵验",就是因为"天人感应"无所不在。这种感应之气,是普遍存在而发生神秘功用的。今本《周易》下经开首为咸(感)卦,卦象为艮下兑上,艮为少男,兑为少女,象喻少男少女相感而成夫妇。《彖辞》这样解说:"咸,感也。柔上(上卦为兑,象喻少女为"柔")而刚下(下卦为艮,象喻少男为"刚"),二气感应以相与。"实际上,《周易》六十四卦的每一卦六个爻符之间,都是生气灌注、相互感应的。《彖辞》说,这一象喻,"天地感而万物化生,圣人感人心而天下和平。观其所感,而天地万物之情(情情实实)可见(现)矣"。意思是,天地万物之间,因为感应而万类化生,圣人的道德教训和践行,和世道人心相互感应,所以能够感化百姓,从而天下太平安宁。这是从一般的哲学、仁学和心理学角度来说"感"的社会功能,也便是"同声相应,同气相求"的道理。

英国文化人类学家弗雷泽的《金枝》是一部专门研究原始巫文化的名著,它将巫术原理归纳成两个原则——"接触律"和"相似律"。所谓"接触律",指某种巫术的施行,"相互接触的物质实体(引者按:包括人与人之间),哪怕被分开,仍然可以跨越距离发生相互作用";所谓"相似律",指两种事物只要它们的结构相似,在巫术中就能相互感应,"其错误是把相似的事物看成同一个事物"。弗雷泽说,这两大类巫术,"统称为交感巫术"。其交感的"底蕴"和"机制",就是所谓"马那"(mana),也就是中国人所说的"气"。弗雷泽还在书中举了几个颇具神秘主义色彩的例子,来说明这种巫术的感应很"厉害"。

《周易》一书的卦爻辞中,也几乎到处写到这种神秘的感应。如小畜卦九三爻辞说:"舆说(脱)辐,夫妻反目。"意思是说,看见大车的车轮脱散,这一凶兆,预示了夫妻反目成仇而导致离异。大过卦九二爻辞说:"枯杨生稊,老夫得其女妻,无不利。"意思是,老头子看到枯死的杨树又生出嫩芽,就是一个好兆头,将会娶得娇妻,这没有什么不吉利的。

在中国古代风水术中,这种所谓"同声相应,同气相求"的神秘感应,也是被相信普遍存在而发挥功能的。相传为晋代郭璞所写的《葬书》(据考,可能为宋代托名之作)一书中,分明写着"是以铜山西崩,灵钟东应"一句话。说是汉代时候,有一天未央宫里的铜钟莫名其妙自己响起来了。东方朔解释道:"这一定是西部的铜山崩塌,被宫里的钟感应到了。"果然不久,西部蜀地派人来报知朝廷,说他们那里的铜山崩塌了,而这正好是未央宫的灵钟自鸣的时候。"帝问朔:'何以知之?'对曰:'铜出于山,气相感应,犹人受体于父母也。'帝叹曰:'物尚尔,况于人乎!'"这个故事是虚构的,为的是强调那种巫性(处于神性与人性之际)的感应。

《周易》这里所说的"同声相应,同气相求",从巫性认知走向了朴素的理性认知。《庄子·知北游》有"通天下一气耳"这一著名而深刻的物理、哲理命题,是对"同声相应,同气相求"说的一个概括。实际上,在一定条件下,事物之间、人与人之间,物理或心理意义上的感应,确实是存在的。这是说,"凡物各从其类。圣人,人类之首,故为人所归,以释'利见'之义也。鹤鸣子和,雄鸣雌应,同声相应也;取火于日,取水于月,同气相求也。下湿易润,水先趋之;干燥易焚,火先燃之。龙,阳物,熏蒸之气为云;虎,阴物,肃杀之气为风。凡此皆以类相感者也"(陈梦雷《周易浅述》)。

天人合一

夫大人者，与天地合其德，与日月合其明，与四时合其序，与鬼神合其吉凶。先天而天弗违，后天而奉天时。天且弗违，而况于人乎？况于鬼神乎？

（乾卦☰《文言》）

译文：

　　所谓大贤大德之人，和天地同一德性，和日月同一光辉，和春夏秋冬同一时序，和鬼神相通而了知命运的吉凶休咎。大贤大德之人，彻悟先天的世界，天不违背他；在后天的行为中，为人做事又自觉遵循天的规律和机运。就连天都不违背他，更何况人与鬼神呢？

这是《文言》中很有名的一段话。主题在于，大人即帝王、圣人与贤者的德性，本与天地、日月、四时、鬼神合契，是不分彼此的。大人为人处世，德通道原，性契天则，无论从先天、后天看，都进入了自觉的天人合一境界。

大人的道德人格与日月同辉，德配天地。如乾卦九五，中正而得其"当位"，不偏不倚，以正道为人生的唯一操守。正道原于天地日月，大公而无有偏私，便是人伦美德的天则化，天地自然的人身化。天地自然万象毕现，而照临者为日月，便成朗朗乾坤。日月的循序运行为四时，冬夏更迭，春秋代序，大人的处世为人，有理有节。而屈伸往来，腾挪自由，所自觉遵行的天则在胸，已经化为圣人、贤者的"仁"的省悟，达到了"从心所欲而不逾矩"的境界，便能洞察鬼神的神秘意蕴，从而趋吉避凶。陈梦雷因此说："大人既与天地合德，故其明目达聪，合乎日月之照临；刑赏惨舒，合乎四时之代禅；遏扬彰瘅，合乎鬼神之福善祸淫。"(《周易浅述》)"大人"就连那些先于天象的无穷幻变也能了然于心,更不用说那些天秩天序、天德天理能够自觉地奉行了。

中国文化自古崇尚天人合一。在史前原始"信文化"(由神话、图腾与巫术构成)时代,无论原始神话、原始图腾,还是原始巫术的文化结构,都是天人合一的,不过是原始神性、灵性与巫性意义的合一。在先秦老庄哲学那里,主张自然人性与"天道"合一。《庄子·达生》的"以天合天"说,是要实现那种以人的精神浑契于自然天成的境地,做一个"致虚极,守静笃"的"逍遥游"者,意味着人的精神回归于自然无为。孔孟实际也在追求道德人格的天人合一,是将仁德合乎天则,好比人必须要穿鞋,不穿鞋者不能为文明之人,因为只要鞋子非常合脚,就比不穿鞋还要让人感到舒服、自在,这便是天人合一的仁德境界。《孟子·尽心上》说:"尽其心者,知其性也;知其性,则知天矣。存其心,养其性,所以事天也。"尽心、知性、知天、存心、养性和事天,是指圣人的道德之心性与天则合一。

"天人合一"这一哲学、仁学命题到北宋时期才提出，《张子正蒙·乾称篇下》说："儒者则因明致诚，因诚致明，故天人合一，致学而可以成圣，得天而未始遗人，《易》所谓'不遗''不流''不过'者也。"然而，天人合一的道德哲学的思想，早在春秋战国时期就已经大致出现、被阐释并被努力践行。《文言》的这一段名言，可以说是对天人合一道德哲学的最好解读。

至哉坤元

> 至哉坤元,万物资生,乃顺承天。坤厚载物,德合无疆。含弘光大,品物咸亨。

（坤卦☷《象辞》）

译文:

　　至极无比的坤元之气,是天地万类得以资生的根基,它的阴柔德性由顺承乾天的阳刚之气而来。大地广博深厚,普载万物的生命,它的德性,通过和乾元之气的结合,传之永远而无边无际。大地含藏着与乾元和合的大德大能,使得万类生命在大地的孕育中生生不息,恢宏博大,一切亨通。

这是继乾卦之后，有关坤卦卦义的一条重要《象辞》。乾、坤二卦，作为易理整体的关键所在，必须将两者联系在一起谈。《象辞》称乾卦"大哉乾元"，这里的"大"，原本、原始的意思；《象辞》称坤卦"至哉坤元"，这里的"至"，有至极无以复加的意思。《周易正义》指出，"至，谓至极也"。对于天下万物的发生、发展来说，乾坤即为天地，天地有如父母，都是生命之"元"，即生命的元气，无时不在无处不在。

但是，就乾、坤（天、地）的关系来说，"乾元"称为"大"，"坤元"称为"至"，这在古人看来，是有主次的。"乾元"主"在"而"坤元"次"在"，是大有讲究的。

在乾坤这一生命融合结构中，作为"乃顺承天"的"坤元"，是在"大哉乾元"前提下的天下万物得以资生的根本。

《九家易》说，此"谓乾气至坤，万物资受而以生也。坤者纯阴，配乾生物，亦善之始，地之象也，故又叹言至美"（李鼎祚《周易集解》引）。陈梦雷说："此以地道明坤之义，而首言元也。至，极也。乾曰大，无所不包也；坤曰至，无所不尽也。乾之大无方，坤则未离乎方也，故但曰至。元，非别有一元，乾施坤受，一气而已。资始者有其气，资生则有其形。然非坤自为，顺天气而承之以生，不先不后，所以为至也。"（《周易浅述》）

我在阅读《周易》时，常常惊讶于古代易学家对于易理体会、领悟得如此深切，由此，可以享受易理所给予的理智的"美感",这里又是显在的一例。

就坤元本身来说,它承于乾元,"造就"了坤地,坤地广博而深厚无比,它持载万物,是万物生命的根基和力量的源泉。无疆的坤元之气的大化流行,正与同其无疆的乾元之气相对应。它无所不容,此所以为"含";无所不有,此所以为"弘"。"含弘广大"者,所以成其"大块文章"也;这一大地"文章"的恢宏博大,万物亨通,正如古代易学家蜀才所说:"坤以广厚之德,载含万物,无有穷竟也。"(《周易集解》引)

《象辞》以"坤厚载物,德合无疆"一语,将那"坤元"的人文德性概括得非常贴切,把大地比喻为任劳而识途的母马,有"牝马地类,行地无疆"之喻,是与坤卦六二爻辞所说坤者"直方大,不习,无不利"的引申义相联系的。大地的性格,确是中直、方正、博大的,用直、方、大三字加以描述,最为贴切。《周易浅述》说,坤卦六二,为阴爻居于下卦的中位(且为阴位),为吉利的"得中""得正"之爻;坤卦六个爻符中,"唯六二柔顺而中正,得坤道之纯者也。正则无私曲而内直,中则无偏党而外方。内直外方,其德自然盛大,不假修习,而自无不利也"。

这个世界上,与圆型相对应的,有一种方型人格,正如大地一般的中直、方正、博大,而且深厚、含藏而负载一切。乾天有如父亲,激励我们刚健勇为,执着进取,自强不息,我们对乾天的敬畏,出于子女对父辈一般的感激;坤地有如母亲,教导我们谦退自守,无欲则刚,令我们自己的德性人格"含弘广大",能容天下难容之事,而负重前行。乾天的精神是偏于哲学的,坤地的精神是偏于仁学的。

厚德载物

地势坤,君子以厚德载物。

（坤卦䷁《象辞》）

译文:

　　大地有灌注生气的形势,宽厚而顺承乾天的性德,君子以大地为榜样,具有大气、方正而宽厚的人格。

这是《象辞》解读、发挥坤卦卦辞重大意义的名句，由承传前述《彖辞》有关坤卦意义的解读而来。显然是《彖辞》的解读在前，而《象辞》的解读随后，进一步以坤地象喻君子大地一般深厚而坦荡的人格。在《周易》作者看来，真正理想的君子人格，有彼此相系的两翼，不可偏废。君子既如阳刚、进取的乾天那样自强不息，又像宽厚、含弘的坤地这般厚德载物。"地势坤"一句的"地"，指坤卦所象喻的大地；"势"，古代风水环境学指"形势"或"气势"；"坤"，这里并非指坤卦，而是指大地顺承乾阳、与其和合的性格。这里关键是一个"势"字。势字从力，指雄性生殖之力，如阉割而为太监，称"去势"。坤阴大地的品性，并非阳刚之"势"，然而具有趋于"势"的特性。在一定条件下，柔顺的坤阴即大地，兼有直、方、大的发展趋势，有以柔为刚的特质。《易传·说卦》说："坤，顺也。"《释名·释地》说："坤，顺也，上顺乾也。"这说的是大地本性。所谓"地势坤"，便是"大地柔顺"的意思。

古代易学家将这里的"势",解读为"形势"或"气势",是有依据的。所谓"形势",原本是一个风水学名词,形容坤地广厚与磅礴的气势。"形势"一词与"气势"相系,是因为大地的"形"和"势"中,必然含藏生命之气。

《象辞》关于坤地性态的君子人格,以"厚德载物"四字象喻,与"自强不息"这一乾天的人格比拟恰相谐调,证明完美而健康的君子人格,是乾坤、天地性德的自强不息与厚德载物的双"华"映对,可以与天地、日月同辉。

就文化意义看,乾卦的象喻源于中华民族的崇天、恋父情结,而坤卦的象喻来自拜地、恋母情结。

中华民族,自古具有强烈的恋土、恋母以及眷恋故乡的深挚情感,于是发言为诗。

在中国诗歌史上,怀恋乡土的诗作不胜枚举。《击壤歌》有"日出而作,日入而息,凿井而饮,耕田而食,帝力于我何有哉"的吟唱,平民百姓在故乡的土地上生活,好比身在母亲温暖的怀抱,深感安宁、满足而幸福，没有任何外力可以战胜。

《古诗·步出城东门》有云："我欲渡河水，河水深无梁。愿为双黄鹄，高飞还故乡。"东汉末应场《别诗》则唱："行役怀旧土，悲思不能言。"渴望回归故里，对于故乡苦恋的程度，给人以几乎活不下去的感觉。

唐代崔颢《长干曲》唱道："君家何处住？妾住在横塘。停船暂借问，或恐是同乡。"两人素不相识、萍水相逢，只因觉得可能是同乡，而心里暖融融的，好像见到了家乡的亲人。

当代学者、诗人于右任的怀乡苦恋，一点儿不亚于古人，且来读读他的《望故乡》吧："葬我于高山之上兮，望我故乡；故乡不可见兮，永不能忘。葬我于高山之上兮，望我大陆；大陆不可见兮，只有痛哭。"

试问为何如此？

固然可能有属于个人的种种原因，但这种"乡愁"的永远不可割舍，都出于对大地、故土的一种强烈而持久的崇拜之情，它的文化之根，蕴含、呈现在《周易》坤卦之中。

积善余庆

积善之家，必有余庆；积不善之家，必有余殃。

（坤卦☷《文言》）

译文：

一个家族的善行、善德逐渐积累，必然有福报；一个家族的恶行、恶德逐渐积累，必然遭祸殃。

这是《文言》关于坤卦初六爻辞意义的发挥。意思是，一个家族做善事、积善德的结果，一定会有福庆、福报的到来；一个家族恶行、坏事做得多了，必然会导致灾祸的发生。这便是所谓"善有善报，恶有恶报"。

这不免会令人立刻想到佛教所说的"因果报应"，或可称为"三世报应"。所谓三世，指过去世、现在世和未来世，三者之间，具有因果联系。佛教认为，世是一个无尽的生命时间历程，由三个世相续而成。三世之间因果联系，环环相扣。现在世为过去世之果，又以现在世此因，决定了未来世之果。所谓"十二因缘""六道轮回"，都与三世报应说相联系。在三世报应说看来，芸芸众生，深陷在三世轮回这一茫茫苦海之中。一个人现在活得好还是不好，作为此果，是由彼因即其过去世所决定的；现在世作为此因的行善还是行恶，又决定了作为彼果的未来世。这也便是佛教所说的"善恶报应"。佛教三世报应说，有一个过去世决定现在世、现在世决定未来世的因果链。其所强调的,是向信众宣说行善祛恶而修行的必要,要求通过宗教的修为、践行,跳出轮回,成就佛道。

比较起来,《周易》的善恶报应说,自不属于佛学范畴,而是具有巫性的,有其因果性思维方式的运用,却没有佛教三世报应那样比较"精致"的逻辑。这里所谓巫性,是神性与人性的一种结合与妥协方式,是同时承认神灵之力与被巫术这一"倒错的实践"方式所扭曲了的人性,这一人性之力被神灵所统制,同时又错以为人自身可以与神灵"平起平坐",是媚神与渎神、拜神与降神的同"在"。

就《文言》的这一段阐述可知,我们的古人,首先将人的善恶、福殃与吉凶等,看作由神灵所决定、统制的,但又相信人可以通过"积善"的行为,获得福报来临的好结果,从而避免"积不善"以酿成"必有余殃"的恶果,所以有一种趋吉避凶、趋善避恶、趋生避死的人文诉求在。而且,这里所提倡的"积善"或"积不善"本身,是一种求善

而避免求恶的道德行为,已经基本从原始
巫文化的历史与人文的"阴影"中走出,企
望以德性而不是以巫性的认知与践行来改
造天下和人自身。我们可以从这一则《文
言》看出,这里所肯定的是德性而非巫性,
不过并未将巫性打扫干净,而是留下了一
条长长的巫性的尾巴。

直方大

　　直其正也，方其义也。君子敬以直内，义以方外。敬义立而德不孤。"直方大，不习，无不利"，则不疑其所行也。

（坤卦☷《文言》）

注释：

　　直：指君子人格端肃，本心中正而无邪。

　　方：指君子的外在修为方正而无有偏私。

　　大：指君子崇尚大气而不小心眼。

这是《文言》关于坤卦六二爻辞的解读和发挥。

尚秉和如此解读君子人格："直则不挠，故曰直其正，言二（指坤卦六二爻，为阴爻居于下卦中位）中正也。方则不诡随，故曰方其义，言不苟同也。正直发于心，故曰直内；内直则必敬矣，故曰敬以直内。义方以接物，故曰方外；外方则无不宜矣，故曰义以方外。敬义之德立于下，五阳应于上（这里指与坤卦六二爻阴阳调和的乾卦六五爻），故德不孤。"尚秉和又说，坤卦与乾卦，在《周易》六十四卦系统中，为"乾先坤后，阳唱阴和，得主有利，故不疑其所行"（《周易尚氏学》）。说得真是太到位了。

因而，所谓"直方大"，从三大方面言说君子的伟大人格，便是内心正直、仪态端方、气魄宏大。

译文：

君子人格正直，行为符合道义而方正。内心自我庄敬，外在行为端严。自我庄敬，以道义立世，美德广被天下。"君子内存正直之心，外具端方之仪，且气魄宏大，这是先天而成的，无不利于世"，君子磊落处世，则修身践行而无可置疑。

美之至

君子黄中通理，正位居体，美在其中，而畅于四支，发于事业，美之至也。

（坤卦☷《文言》）

注释：

黄：五色之中的显贵之色。

理：本指对于玉的加工，兼指玉的纹理。

这是《文言》关于坤卦六五爻辞意义的发挥。坤卦六五，阴爻居于阳位，处在坤卦上卦的中位，还是吉利中正的兆象。坤卦六五爻辞有"黄裳，元吉"之言，意思是，筮遇坤六五，兆象是黄色裳服，大吉大利。《象辞》的解读与发挥，是"'黄裳，元吉'，文在中也"。意思是"黄裳，元吉"这一爻辞，在于象喻君子人格美德中正、中和，有如黄色居于五色的中位。

为什么这么说呢？据中国传统五色说，黄为五色居中，象喻中正、中和之道。坤六五居于坤卦上卦的中位，为阴爻处在阳位而不"得中""得正"。然而，这个坤卦六五，正好与乾卦九二构成相应的关系，因此可以说，这一象喻臣道、妻道的坤六五，又毕竟居于中正之位，所以还是吉利的。所谓"通理"，"通"于美善的意思。什么缘故呢？因为坤六五是一个"正位居体"的卦符。三国魏经学大家王肃说："坤为文，五（坤六五）在中（上卦中位），故曰'文在中（"通理"，指"文"居于坤卦上卦的中位）也'。"（李鼎祚

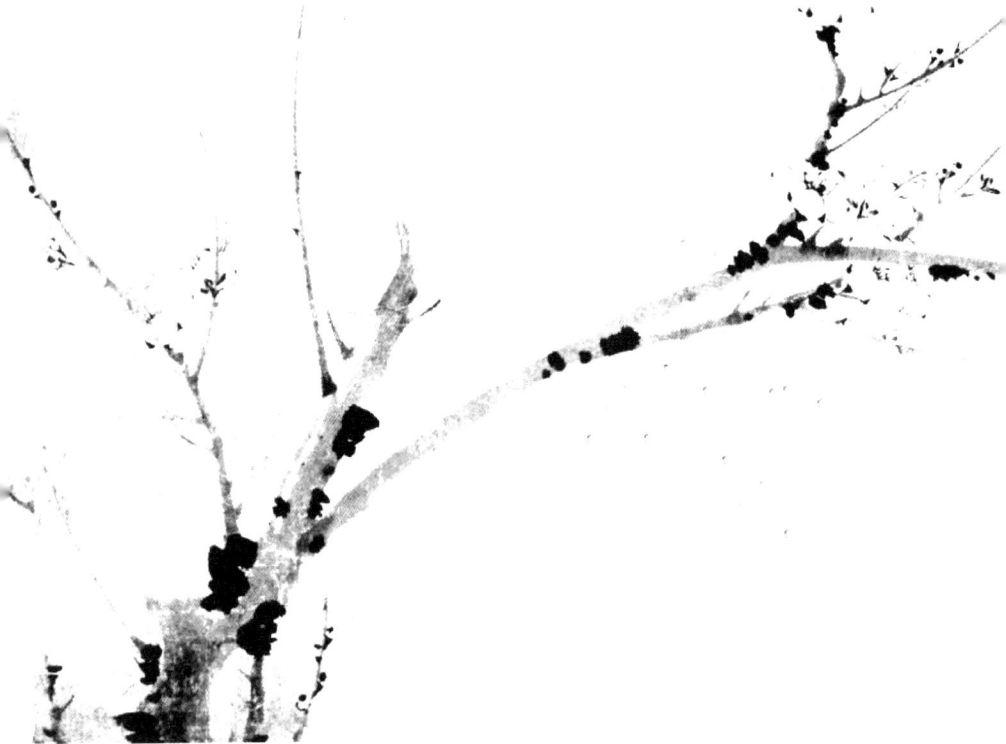

《周易集解》引)所谓"文在中也",便是"美在其中"的意思。"美在其中"的"美",实际指道德人格的至善;"美在其中"的"中",指坤六五居于上卦的中位。所谓"畅于四支",指中正、中和、至善的道德准则,贯彻于君子的一切思想和行为。"四支"的"支",为"肢"字借代。春秋末年,孔子提倡"尽善尽美"这一理念,已经将"美"与"善"相对地分开。然而到了战国,这一理念仍未普及而成为社会共识,所以这里所说的"美",在理念上尚未和"善"分开。这里将"美之至"的"美",释读为道德至善,应该是合乎历史与人文实际的。

　　君子美德，有如坤卦六五那般中正而无有偏私，其道德人格的美善，在于中正中和，贯彻在一切言行中，这在治理天下、家国的事业中发扬光大，便是至善的道德人格之美。

屯难始生

屯,刚柔始交而难生。动乎险中,大亨贞。雷雨之动满盈,天造草昧,宜建侯而不宁。

(屯卦䷂《彖辞》)

译文:

　　屯卦卦象,以阳爻与阴爻的交合,象喻一切生物始生而艰难的道理。整个屯卦,象喻雷震于水下而陷于坎险之中,好在血族后裔对于祖神的祭祀,可保人生的道路亨通。自然界和社会人生,都充满了震雷及雷雨滂沱般初始发动的艰难,鸿蒙开辟、草昧之时,适宜建邦立国,但是不会平安无事。

这是《象辞》关于屯(zhūn)卦卦辞的解说和发挥。一切生物,什么时候最为艰难? 答案只能是: 在其始生之时。《易传·序卦》说:"屯者,物之始生也。"《说文解字》说:"屯,难也,象草木之初生,屯然而难。"屯卦的下卦是震卦,上卦是坎卦。震为雷为动,坎为水为陷,整个卦象喻雷在水下发动而陷险。而祭祀祖神,血族的命运、处境便会亨通、正固。屯卦象喻一切事物的初生充满了艰难险阻。《周易浅述》说:"屯卦,震下坎上。震一阳动于二阴之下,故其德为动,其象为雷。坎一阳陷于二阴之间,故其德为陷为险,其象为云为雨为水。"又说:"其卦以震遇坎,乾坤始交而遇坎陷,故其名为屯也。"徐志锐《周易大传新注》说,屯卦"象征天地交合之后于坤体之内有了怀育,有怀育而后必有产难之事,故言'难生'"。这是说,震卦的本卦是坤卦,乾卦的一阳来交于坤卦初六而成震卦;坎卦的本卦也是坤卦,乾卦的一阳来交于六五而成坎卦,因而屯卦象喻阴阳交合而"有了怀育"。所谓"万事开头难",屯卦的易理正在于此。

蒙以养正

　　蒙。山下有险,险而止,蒙。蒙,亨,以亨行时中也。"匪我求童蒙,童蒙求我",志应也。"初筮告",以刚中也。"再三渎,渎则不告",渎蒙也。蒙以养正,圣功也。

(蒙卦☳☶《彖辞》)

译文:

　　蒙卦,是一个山下有危险而危险被排除的象征,这就是蒙。蒙卦说的是有关亨行时中的道理。"不是作为师长的我求教于学生,而是学生求教于我",这是蒙师和童稚二者的相应之道。"用《周易》占筮,第一次占问已经揭示了吉或凶的结果",这就好比蒙卦九二作为全卦的主爻居于下卦的中位明白白而不可改变那样。"占筮的时候,不相信占筮的结果而一再重复,这是亵渎神圣,神圣便不再显示真实的结果",同理,导师反复多次讲同一个问题,学生却没有听进去,这是亵渎师教。通过启蒙教育,养成童稚中正、中和的道德人格,是成圣、成功的第一步。

这是解读与发挥蒙卦意义的一条《象辞》。蒙卦卦象，坎卦在下，艮卦在上。坎为陷，艮为止。所以，下卦象喻险陷，上卦象喻艮止。整个卦象象喻陷险难行。在六十四卦卦序中，蒙卦随于屯卦之后，这是说事物始生而必然蒙昧。乾坤之后有屯蒙，是说天地立君臣之道，屯蒙明物始生之难和蒙养之正。蒙卦具有关于童蒙的象喻意义。人生之初，固然蒙昧不明，而稚子可教也。从卦象卦时看，下卦坎九二与上卦艮六五，是"应"的关系，所以称"亨行时中"。"匪我求童蒙，童蒙求我"和"初筮告""再三渎，渎则不告"是说，不是作为占筮者的我，去求教于幼稚蒙昧的人，倒是蒙昧有疑的人来求问于我。又说占筮是庄严、神圣的事情，诚心诚意地占筮，只能进行一次，并相信这一神灵的启示。要是抱着疑惑而不坚定地相信这一启告，再二再三地进行重占，就是亵渎神灵的轻忽态度，那么神灵所告知你的，就不是真实的了。这说的是所谓的"诚则灵"。

由此,《彖辞》作了意义的引申,用类比的方法,说蒙昧的学生向师长求教,有类于蒙昧无知的人向神圣易筮求问。意思是,学生求教于老师,也应该抱着神圣、虔诚的态度。这样老师讲一次,学生就明白而记住了,要是抱着轻忽或轻慢的态度,让老师一次又一次重复地讲同一个问题,就是亵渎师尊。"渎蒙"二字的意思,并非指师长亵渎蒙教,而是指对于师教的亵渎。"蒙以养正"四字,是这一条《彖辞》的主题,意思是,对童稚施以启蒙教育,为的是养成中正的道德人格,这是成就圣人的第一等践行功夫。

不速之客

入于穴。有不速之客三人来，敬之，终吉。

（需卦䷄上六爻辞）

译文：

　　爻象是陷入洞穴。三位客人不请自来，以宾客之礼相待，终于是吉祥的。

这是需卦上六爻辞。需卦乾下坎上，乾为天，坎为水，有水在天上之象，但尚未下雨，须等待进一步的阴阳相交，而由云气熏蒸为雨，这便是需卦之象。它的意义，指大雨欲来、盼望云霓成雨的等待。所以《象辞》说："云上于天，需。"必须等待在一定条件下，云气才能酿成雨水。

需卦上六爻，便是阴爻居于极高之险无可再高，而上六爻变，便是坎卦变为巽卦。巽为入，故有入穴之喻。上六逆应九三，而九三与下面的九二、初九共三个阳爻构成一个乾卦，便是三阳相联，所以说"三人"。初九和九二，并非与上六相应，它们是"不请自来"，故有"不速之客"这一喻义。上六爻为阴爻居于阴位，所以是得位之爻，它正待一个阳爻来交，使得坎卦变而为巽卦。因而，这一阴爻对于阳爻而言，有"敬之"之象。上卦上六爻，与下卦具有刚阳之气的九三爻相应，且为九二、初九两个阳爻所感染，因而有出险的态势和"终吉"之象。

这里的"不速之客"一词，早已成了一个常用的成语。意思是，未经主人邀请，便有客人不请自来。不速之客，本是一个中性词，现在却有些贬义了，出典便在这里。

等待时机

需，须也。险在前也，刚健而不陷，其义不困穷矣。需，"有孚，光亨，贞吉"，位乎天位，以正中也。"利涉大川"，往有功也。

（需卦䷄《彖辞》）

译文：

需就是等待。危险在前，刚健精进而不陷于危机，人就不会被困在穷极无助的境地。需卦所谓"有所俘获，光耀门楣，以此为祭而吉利"，需卦主爻是九五，居于天位，且以阳爻处上卦中位，是得正得中之位。所谓"有利于渡涉大河巨川"，指人有所作为，一定能涉险而成功。

这是《彖辞》关于需卦意义的解读和发挥。

雨尚未落下，必须等待时机而熏蒸成雨，这是需卦的象喻。需卦的性德，为乾刚遭遇坎险，不能冒进，而必须等待时机。所以说，需卦的等待意义，在于"见险而不动，能动而不轻动者也"（陈梦雷《周易浅述》），也便是以等待时机为上，只有如此，才不会为穷途末路所困。但并非消极的等待，而是为了进取而积极地等待时机。

这里所引录的"有孚，光亨，贞吉"和"利涉大川"，本为需卦卦辞，是说筮遇需卦，预示有所俘获，以此为祭，可以光耀门庭，这是吉利的，有利于渡涉大江大河。可是《易传》所引的这一句，分成了两部分，关键在于将"有孚"的"孚"，解读为内心之诚，引申出诚笃、光明与亨通的意思。它所依据的，是需卦的九五爻象正处于上卦中位这一点。需九五，是以阳爻居于阳位而且是居中的。《周易浅述》说："正中与中正同，指五（需卦九五）也。正，则规模宏远，无欲速之为；中，则中心宁静，无喜功之念。唯以中正居天位(指九五居于天位)，故虽险在前而终必克济，非若蹇之见险而止。"所言是。

　　西方现代主义戏剧名作《等待戈多》是一出两幕短剧，大致剧情为：舞台一角立有一棵枯树，两个流浪汉，一个叫弗拉季米尔，一个叫埃斯特拉冈，在这里无望地等待，等待一个名字叫戈多的人，说些无聊的废话打发时间。可是左等不来，右等不来，感到很绝望。这时候，有一位叫"幸运儿"的人前来报告，说戈多今天不来了，你们回去吧。这是第一幕。第二幕，还是在老地方，两个流浪汉在这里等待戈多，还是说些无聊的废话，却依然没有等到戈多。不过，这个时候舞台上的那棵枯树，已经长出来几片绿叶，表示这个无聊的世界倒还是有所变化的。这时候，又来了那位"幸运儿"，告诉流浪汉说，戈多今天绝对不会来了，你们等也是白等，还是回去吧。流浪汉深感绝望，便解下自己的腰带决定自尽。岂料，当他们将腰带套在树上打结的时候，那棵树粗大的树枝却折断了，落了一个活不成、等不来又死不了的尴尬结局。

这个以"等待"为主题的两幕荒诞剧，因为剧中永远等不来的戈多的英文名字写作 Godot，暗示老头所等待的是上帝，又似乎并不是。说明即使是上帝，也是永远等不来的，世间没有希望。

将《周易》需卦所说的"等待"和《等待戈多》略作比较，可以见出，《周易》对于这个世界和人类，还是抱有希望的。在《易传》看来，这个世界和人类都是有救的。等待时机以求进取，体现了先秦儒家积极的人生观。

密云不雨

亨。密云不雨，自我西郊。

（小畜卦☰☴卦辞）

注释：

　　畜：xù，蓄积的意思。

译文：

　　可以举行祭祀。兆象是阴云密布而尚未下雨，阴云从我所在的地方即都邑的西部升起。

这是小畜卦的卦辞。此卦为乾下巽上之象，唯六四为阴爻，其余五个爻符都是阳爻，构成以一阴畜聚五阳的态势，以阴柔畜阳刚，其力量薄弱，故而所畜者小也。全卦六四阴爻得位，上下五阳都为其所畜，所以《周易浅述》认为："阴小阳大，以小畜大之义也，故为小畜。"

崔憬说："云如不雨，积我西邑之郊，施泽未通，以明小畜之义。"（李鼎祚《周易集解》引）这是解读本卦卦义的重要提示。小畜卦以巽卦的一阴畜乾阳，内卦乾，外卦巽，且九二虽然并未得正，却是居中的爻符。而九五得中、得正，且九二、九五两爻都以阳刚居中，因此其势有为，其道可"亨"。乾为天，而六四一阴在其上，说明"天上有阴"。阴者，云象也。阴云在天，"密云不雨"也。上卦为巽卦，巽为风，因而云气虽密，遇到巽风，便自西向东而来。又，九二、九三、六四互体为兑（悦），兑卦在文王八卦方位图中位于西方，故有"自我西郊"之象。

小畜卦的易道，固然是可"亨"的，这是它有阴有阳、阴阳有所调和的缘故，然而此卦毕竟阴少阳多，以一阴畜诸阳，力不胜任。筮遇此卦，小事可行，而恐大事未成，此《象辞》所以说："'密云不雨'，尚往也。'自我西郊'，施未行也。"

夫妻反目

舆说辐,夫妻反目。

(小畜卦☰九三爻辞)

注释:

舆:大车。

说:同脱。

辐:古代木轮车轴中央的方木,功能在于使大车的车身与车轴联结而不脱离。

这是小畜卦九三爻辞。中国古代神话想象中，大地有如巨龙拉着飞奔的一辆大车，称其为"舆"。乾卦《象辞》有"时乘六龙以御天"语，此由巨龙拉着而御天的所乘者，即"舆"，指大地。《说卦》有"坤为地"之说，故大地有"舆"象。九二、九三、六四互体为兑卦，《说卦》说，兑"为毁折"，故此卦九三有"舆说辐"之象。从全卦看，下卦乾喻男喻夫，上卦巽喻女喻妻，可见有夫妻之象。九二、九三、六四互体为兑卦，据《说卦》，兑又为口舌；九三、六四、九五互体为离卦，据《说卦》，"离为目"，故有对目而视之象，与"夫妻反目"相系。因而《象辞》说："'夫妻反目'，不能正室也。""不能正室"的"正"，有纠正义。《礼记·曲礼上》郑玄注："有室，有妻也，妻称室。""不能正室"，指不能纠正妻室的言行，可能导致"夫妻反目"。

志同道合

　　"泰：小往大来，吉，亨"，则是天地交而万物通也，上下交而其志同也。内阳而外阴，内健而外顺，内君子而外小人。君子道长，小人道消也。

（泰卦䷊《彖辞》）

译文：

　　"泰卦的意思，指阴柔的坤卦居于泰卦的上卦位置，阳刚的乾卦居于泰卦的下卦位置，构成柔小者往外而刚大者为内的态势，是吉利亨通的预示"，这说明泰卦象喻乾天坤地交合、万物阴阳之气彼此交通的大道，象喻君臣上下志同道合。泰卦的内卦（下卦）为乾阳，外卦（上卦）为坤阴，象喻内刚健而外柔顺的人格，象喻君子的人格刚大与小人的人格卑小。因此，君子的大道天长地久，小人的小道日日消亡。

在解读泰卦时，我们需要树立一个理念，便是《周易》的巫筮文化和哲学的底蕴，是生命意识、生命情感和生命意志的有机结合，这种生命观的原始文化形态是生殖崇拜。这在《周易》第一、第二的乾卦和坤卦中，已经存在。泰卦以及随后的否卦也是如此，而且体现得很充分。

这里是《象辞》对泰卦卦辞"泰：小往大来，吉，亨"意义的解读和发挥。卦辞意思是，筮遇泰卦，兆象是小的东西丢了，却获得了大的东西，是吉利的，预示可以祭祖。但在《象辞》中，泰卦的意义由巫性的占筮转嬗、提升为君子、小人之辨。对于人的修养来说，应该远避小人而学做君子，人的生活就可能吉利、亨通。

泰卦下卦为乾，上卦为坤，乾为天而坤为地，万物由此生成。这一乾下坤上的卦符结构，象喻男女相交，是因为乾为男、坤为女。乾为阳为健，坤为阴为顺，所以古人说，此卦的"阴阳以气言，顺健以德（性）言"。下卦的乾卦健阳之气清扬上升，上卦的坤卦阴柔之气重浊下降,构成上下相交的态势,因而这一卦体确实是古人所说的象喻"形不交神交"。民间有"三阳开泰"或者"三羊开泰"的趋吉避凶之词,便来自泰卦。所谓"三阳(三羊)开泰",指下卦乾与上卦坤的交合,于是成就了大吉大利的泰卦。《象辞》有"天地交,泰"一语,便是"三阳(羊)开泰"的意思。羊这一食草动物,生性温和,对人无害,史前数千年一直是先民主要的食物来源之一。羊早已被驯化,先民对羊一直怀有美好的感情。从文字学看,羊者,祥也。羊是祥的初文。

《象辞》"天地交而万物通也,上下交而其志同也"一句,《周易浅述》的解释是:"天地高卑之形不可交,而气可交,交则万物化生;君臣上下之分不可交,而心可交,交则君臣同德。"这是指由天地之气相交,而喻"君臣同德"的礼乐意义。这也是今天"同志"一词的来源之一,意指君臣志同道合。"同志"一词,还出现于《国语·晋语四》:"同德则同心,同心则同志。"后来发展为指志向一致的朋友关系。《后汉书·刘陶传》说："所与交友，必也同志。"中国共产党内，也提倡互称"同志"。这一庄严、郑重的称呼，便由解释《周易》泰卦的《象辞》而来。

所谓"内君子而外小人。君子道长，小人道消也"，明显是以道德伦理解读泰卦卦义。内卦即下卦谓乾，象喻君子；外卦即上卦谓坤，象喻小人。君子与小人的"道"不可相提并论，所以说"君子道长，小人道消"。《周易集解》引崔憬说："阳（乾卦）为君子，在内健于行事；阴（坤卦）为小人，在外顺以听命。"是矣。

否极泰来

"否之匪人，不利，君子贞，大往小来"，则是天地不交而万物不通也，上下不交而天下无邦也。内阴而外阳，内柔而外刚，内小人而外君子。小人道长，君子道消也。

（否卦䷋《象辞》）

译文：

　　"不能任用贤人，就不吉利，君子筮遇否卦，预示大人君子留不住，小人来而当道"，这一卦辞所发挥的，为否闭之时泰道不通，说明没有什么吉利的；这也是表示天地阴阳不相交通，万物不能通泰滋养，君臣上下不能做到君惠臣忠而相互协调，导致邦国不治而天下大乱。否卦的内卦阴柔而外卦阳刚，象喻内者小人横行而当道，外者君子之道否塞而不行，是小人之道嚣张而君子大道隐没。

这是《象辞》关于否卦卦义的解读。否卦与泰卦,既是错卦,又是综卦关系,互为错综卦。所谓错卦,指《周易》六十四卦相邻两个卦符六个爻的爻性全都相反。否卦与泰卦,两者的爻性完全相反。所谓综卦,指相邻两卦六爻若颠倒180°,便互为对方的卦。否卦颠倒成泰卦,泰卦颠倒成否卦。所谓错综卦,便是那种既为错卦又为综卦的卦符,否、泰二卦,便是如此。今本《周易》全部六十四卦中,有错卦四对、综卦二十八对、错综卦四对。细心的读者在此可能有了一个疑问:《周易》一共只有六十四个卦符,怎么这里变成了七十二个卦了?其实,那四对错综卦,既为"错"又为"综",是包括在全部错卦与综卦之中的。我们试看今本《周易》六十四卦的卦序,从乾卦、坤卦开始,一直到既济、未济卦,每一对卦都是相应的,不是错,就是综,或者错综的关系,这便是《周易正义》所言全部六十四卦的排列卦序为"二二相耦,非覆即变"的缘故了。这里的"覆"指综卦二十八对,"变"指错卦四对,而所谓错综卦四对,是包含在又"覆"又"变"的三十二对卦符之中的。

说过了这一读《易》常识,我们回过头来看否卦。否卦与泰卦构成错综卦关系,所有卦符的卦性都是相反、相悖的。泰卦为大吉之卦,否卦则为大凶之卦。泰卦乾下坤上,阴阳、天地、男女、上下、内外相交而刚柔和谐;否卦则阴阳失调、天地不交、男女不和、上下失序、内外相悖。古时候那些笃信占验的人们，一旦筮遇泰卦，便可能欣喜若狂，以为大道通泰、前路无虞；一旦筮遇否卦，便可能忧心忡忡，以为否道艰困、前途黑暗。

当然未必如此。然而，大多数的古人还是相信命运之说的。

《易传·杂卦》说："否、泰，反其类也。"否卦坤下乾上，坤阴之气重浊而下，乾阳之气轻扬而上，构成了不相交通的态势，所以万物闭塞，不相亨通。否卦与泰卦的卦性、爻性相反，所以《彖辞》称泰卦"天地交而万物通"，"上下交而其志同"，"内阳而外阴，内健而外顺"，"内君子而外小人"，"君子道长，小人道消"；称否卦"天地不交而万物不通"，"上下不交而天下无邦"，"内阴而外阳，内柔而外刚"，"内小人而外君子"，"小人道长，君子道消"。这岂不是说，天地不仁、阴阳颠倒、男女失和、内外无序、上下交困、君子之道不得光大而小人恣意横行，正是天下大乱的局面？

可是，中华民族一向是一个乐观的民族，用《易传·系辞上》的话来说，叫做"乐天知命，故不忧"。尽管遭遇否卦，还是在艰危的困局之中不坠青云之志，坚信未来总是美好的。否卦随泰卦而来，虽身处否困之中，还是坚信一旦时机成熟，变否为泰是必然的。《周易》一书充满了"变（化）"的思想，从算卦尚"变"到《易传》的哲学等，都是讲"变"的。中国人坚信,万物是永恒变化的,唯有一样东西不变,便是"变本身是不变的"。西方人对于这个"变"的易理,也是理解的,他们称《周易》这部中华人文经典为 *The Book of Changes*。就这里所说的否卦而言,它催生了一个非常著名而意蕴深厚的成语——否极泰来。

而在我看来,与否极泰来相应的,还应该有另一个成语——泰极否来,其含蕴比否极泰来一语显得更为深刻。也就是说,人在泰安之时,实际是最危险的时候,所谓"胜利者最危险"是也。所以,必须时时、处处保持对于事物、世界恒变的敬畏之心和冷峻的理性。

但是《易传》所突出的,还是否极泰来的哲学,甚而认为只要讲究与践行儒家的道德规矩,便可万事大吉,前途光明。这用《象辞》读释否卦卦义的话来说,叫做"君子以俭德辟(避的本字)难"。

同人于野

同人于野,亨,利涉大川,利君子贞。

（同人卦䷌卦辞）

译文：

同一宗族的一群人在野地祭祀祖神,筮得的结果是有利于君子渡涉大江大河。

同人卦为离下乾上之象。整个同人卦体五阳一阴，因而下卦六二为主爻。同人卦的六二、九五，都是"得中""得正"之爻。比较而言，由于六二为主爻，所以它在整个同人卦中的意义，比九五爻更为重要。

汉代荀爽有云："乾舍于离，相与同居。"（李鼎祚《周易集解》引）《九家易》说："乾舍于离，同而为日，天日同明，以照于下，君子则之，上下同心，故曰同人。"（同上）这是说，上卦乾和下卦离所构成的同人卦，好比相伴而同居的人。乾为天为日而离为火，象喻天空与太阳一片光明。孔颖达《周易正义》则说："同人，谓和同于人；于野亨者，野是广远之处。借其野名，喻其广远。言和同于人，必须宽广，无所不同，用心无私，处非近狭，远至于野，乃得亨进。"凡此，都是紧扣同人的卦象而言的。

而卦辞本身，即如译文所说。

但是，《彖辞》却作了意义的发挥和提升。《彖辞》说，同人卦的柔爻得位而得中，有和同于人的意义。这是指六二爻这一主爻居于下卦的中位，时机非常好。它与上卦同样得位、得中的九五爻，构成了彼此相应的关系，象喻同人的易理。《彖辞》又说："'同人于野，亨，利涉大川'，乾行也。"这是强调下卦离的中爻为阴柔、上卦乾为阳刚的和同。读者诸君可以看到，《易传》反复申言同性相违、异性相感的易理，这里仅为其中一例,便是所谓"乾行"。《象辞》还说:"文明以健,中正而应,君子正也。唯君子为能通天下之志。"这是说,同人卦的下卦为离火,火的发现和利用,便是人类文明的开始,这种文明之火,照亮了刚健的苍穹,也是与上卦所象喻的阳刚之美相应的。而同样处于中正之位的六二与九五,彼此异性相应,象喻君子的中正人格。因此,只有君子才能达成天人合一的境界和志向。

理解"同人于野"一语的真谛,必须与"同人于宗"相联系才行。六二爻辞有"同人于宗"的话,《象辞》却称其为"吝",有吝悔之义。这又当如何理解?既然六二为中正之爻,得正而得中,怎么又说"吝"呢?

易理的根本为"变",却不能坐实而死扣一理,当以变通为上。从卦象看,"乾为主为宗,二五正应,故'同人于宗'。但卦五阳皆同于二(六二爻),今二独亲五,则三四忌之,致吝之道也"(尚秉和《周易尚氏学》)。六二独应于九五,一方面得中、得正,另一方面又专独于此。这在六二爻辞看来,就有"吝"义了,所以《象辞》有"'同人于宗',吝道也"这一说法。"然同之道,贵乎大公。二既专有所应,则不能大同矣",陈梦雷《周易浅述》的这一句话,说得非常到位。

"同人于宗",是指血亲家族团结在祖宗之神的旗帜下,凡是具有血缘联系的,都是不分彼此的"同人",这当然不错。

祭祀祖神，便是企望血族的繁衍兴旺和团结一致，共同面对周遭环境和世界的严峻挑战。可是，这种"同人"的格局毕竟小了，有"吝"的一面。真正的"同人"，是"同人于野"，即以天下为"同"，这便是"天下为公""天下大同"的意思。

《礼记·礼运》说："大道之行也，天下为公，选贤与能，讲信修睦。故人不独亲其亲，不独子其子。"而以"天下为公"为理想为己任，这便是《象辞》所说的"同人于野"。中国革命的先驱者孙中山先生便是以"天下为公"的革命家，他于1919年在复旦大学作演讲的时候，便题写了"天下为公"四个大字。

应天时行

大有，柔得尊位大中，而上下应之，曰大有。其德刚健而文明，应乎天而时行，是以元亨。

（大有卦䷍《彖辞》）

译文：

　　大有卦六五爻为阴柔之爻，居于上卦中位，以一阴而有五阳，所以称为大有。它秉持阳刚与光明的美德，使万物顺应天时而运行、生长，象喻根本亨通的易理。

这是《彖辞》关于大有卦卦辞的解读。大有卦象，为乾下离上，全卦五阳对一阴。以六五为主爻，六五性柔，居于尊位。《周易》以阳为大，以阴为小，六五爻却以小而大其所有，这便是大中之道。又，主爻六五下应于九二，且群阳为一阴所有，因而称为"大有"。王弼《周易注》说，大有卦象喻"德应于天，则行不失时矣。刚健不滞，文明不犯，应天则大，时行无违，是以元亨"。这是发挥大有卦卦辞"元亨"的意蕴。大有卦辞只有"元亨"二字，非常简省。本义是，筮遇此卦，可以进行祖神祭祀。

大有卦象喻刚健之德(性)，这是指下卦乾为天，天为阳刚，上卦离为火为日，火、日则为光明。整个大有卦是一个"火在天上"(《象辞》)、天上有日朗照的恢宏意象。而离火、离日的运行正合天时，所以时遇天机、命运亨通。俞琰说："六五以一阴统众阳，虽得尊位大中而上下皆应之，然其才终是柔弱，不能自亨，故必应乎乾而后亨。"(《俞氏易辑说》)说得有理。

谦谦君子

谦谦君子，用涉大川，吉。

（谦卦☷☶初六爻辞）

注释：

用：有"通"的意思。

译文：

谦而又谦的君子，会如平安渡涉大江大河那般吉祥如意。

谦卦很有意思。从所有六爻的爻辞看,所筮得的结果,都是吉而无不利的:初六"吉",六二"贞吉",九三"吉",六四"无不利",六五"无不利",上六"利"。这在《周易》六十四卦三百八十四爻辞和乾用九、坤用六两条辞文中,绝无仅有。这也可以雄辩地证明,中华民族自古的文化理念是非常强调谦德的。

　　谦卦卦象,为艮下坤上。《彖辞》有一段话,先录在这里,对我们解读、认知本卦所强调的谦德很有启发。《彖辞》说:"谦,亨。天道下济而光明,地道卑而上行。天道亏盈而益谦,地道变盈而流谦,鬼神害盈而福谦,人道恶盈而好谦,谦尊而光,卑而不可逾,君子之终也。"这段话的意思是说,为人谦退而不自满,可以使得命运亨通、人生道路平顺。上天的运行,济生万类而普天之下光辉灿烂。大地的运行,是卑下而循天的,使得阴柔之气广生万物。天之道有盈有亏,从亏损的一面看,它是亏盈互递、此益增而彼谦下的。地之道的性德与品格,在于顺随天之道,是亏盈互相转换而谦德流布的。鬼神之道,有损于盈满,是盈满祸至而尚谦退致福的意思。人间正道,在于守持谦德,厌恶狂妄自大而不知盈亏互转这一大道之行的行为。居于尊位的,更应践行谦下的美德,如此才能使得其人格光明正大;处在卑位的,守持与践行谦退之则,其道德的崇高,别人不可逾越。君子的道德文章,唯以谦退自守的道德高格为其终极境界。

《彖辞》关于谦卦卦辞"亨,君子有终"的解释,为"天道""地道""人道"(包括"鬼神之道")这三个方面,是从《易传》所说"三才之道"(三极之道)的角度提出、说明人的谦德合理性的。天、地、人三者合一,实际上是天人合一,是将君子的谦德看作天道自然之道,看作天设地造,也是《周易》所谓天道自然之易的伦理之学的衍生。

了解了以上说的,也就不难理解谦卦初六爻辞"谦谦君子,用涉大川,吉"的意义非同寻常。这一爻辞的意义,由《象辞》和

《象辞》加以引申，就是说即使君子不去占卦问卜，只要道德谦虚、高尚而自守，也一定是大吉大利的。《论语·子路》有云"不恒其德，或承之羞"，子曰"不占而已矣"。这一记载是说，假如一个人不是恒久地践行道德规范，可能就会遭遇人生失败从而蒙受羞辱。孔子很是赞同这一点，他说，如果君子道德高尚而且一以贯之，那么即使不信卜筮，不去通过卜筮询问吉凶，也没有关系，也会过得平安、幸福。

这里，"不恒其德，或承之羞"一语，引自《周易》恒卦九三爻辞，原文为："不恒其德，或承之羞。贞吝。"

所谓"谦谦君子"的"谦谦"，是谦上加谦、谦虚之极的意思。谦卦初六爻辞是与初六爻象相对应的。初六以阴柔之爻处于全卦最下，为谦而又谦之象。王弼《周易注》说："处谦（谦卦）之下，谦之谦者也。"此言是。所以，《象辞》有"'谦谦君子'，卑以自牧也"的释读之词。

作乐崇德

> 雷出地奋,豫。先王以作乐崇德,殷荐之上帝,以配祖考。

(豫卦☷☳《象辞》)

注释:

豫:喜悦的样子。

殷:盛。

荐:敬献。

配:以酒飨祖神。

这是《象辞》解读豫卦的一段话。豫卦坤下震上，是一个以九四为主爻的卦，上下众阴应之。下卦为坤为柔顺，上卦为震为雷动，为地上有雷之象，如恰逢春天的惊蛰，"内顺外动，由顺以动，无不和悦，有豫之义"（陈梦雷《周易浅述》）。

古人以为，雷震由地下而出，故有"雷出地奋"的说法。而春雷奋起，万物苏醒、萌动，故而象喻豫乐。这里，上帝指神性的天帝，帝为蒂字初文，可证中国的上帝源于远古自然崇拜。《礼记·祭义》说，"君子生则敬养，死则敬享"，"唯圣人为能飨帝，孝子为能飨亲"，而"荐其荐俎，序其礼乐"也。

因此，祭祀上天，配享祖考，既是礼，又是乐，中华先民通过祭祀上帝和祖考，"作乐崇德"，在祭礼中敬畏天神、祖神，内心充满了庄重的敬天敬祖的情感。用《象辞》关于豫卦的解读来说，先民在崇高的祭礼中所体悟到的内心的欢愉，便是和祭礼相偕的"豫"。上海原南市区有豫园，这一园名，便由《周易》豫卦而来。

译文：

　　惊雷震动，大地奋发，万物喜悦。君王深受感召而制礼作乐，用以推崇、礼赞治理天下的道德文章，以盛大庄严的祭礼，献祭于天地和祖神。

大亨以正

> 临,刚浸而长,说而顺,刚中而应,大亨以正,天之道也。

(临卦☷☷《彖辞》)

注释:

亨:通。

译文:

临卦的喻义是,阳刚之气浸临生长,卑阴临于尊阳,和悦而柔顺。九二爻其性阳刚而居中,正与居中的六五爻相应,在根本上象喻阴阳交通而中正,这是来自天地自然的大道。

临卦兑下坤上,兑为泽而坤为地,构成泽上为地的态势,所以古人说这是"泽上有地",即"岸临于水,相临最切"(陈梦雷《周易浅述》)的象喻。此卦以两个阳爻,临于四个阴爻,阳刚临于阴柔,"说而顺"。说者,悦也,下卦兑即悦;顺者,坤之谓。上卦坤性柔顺,柔阴临于阳刚,九二居于下卦中位,且与六五相应,所以称"刚中而应"。九二"刚中",既与居中的六五相应,则成"大亨"之势。既然九二与六五都为居于中位之爻符,则"大亨以正"矣,这便是天的正道。

临卦卦辞有"元亨,利贞。至于八月,有凶"之言,意思是,筮遇临卦,预示可以祭祀祖神,这是吉利的占问。而时至八月祭祖,便有凶险。《象辞》主要从全卦的卦象结构加以发挥,指出上下卦象喻"刚浸而长,说而顺";九二应于六五,象喻"刚中而应,大亨以正";最后,将全卦喻义归结为"天之道"。

中正以观

大观在上，顺而巽，中正以观天下。

（观卦䷓《象辞》）

译文：

　　伟大、壮观为上，人格美德如风行大地一般，又兼中正而刚阳的品格，为天下观瞻仰望。

观卦坤下巽上,坤为地,巽为风,为风行地上之象,以九五为主爻。观卦与临卦是综卦关系。从直观角度,可见两个阳爻在上,四个阴爻在下,有自下观上之义。《易传·序卦》说"物大然后可观",所以说"大观在上"。观卦的下卦为坤,喻柔顺,上卦为巽,喻风喻入,因而全卦具"顺巽之德"。主爻九五,得中、得正而应于六二,其美善的德性为天下所观仰;而自性中正,亦可俯观天下的风云变幻。南宋项安世《周易玩辞》说,"观,四阴方盛,以二阳为大",故为"大观"。《程氏易传》云:"五居尊位,以刚阳中正之德为下所观,其德甚大,故曰'大观在上'。"

观卦卦义以"中正"为主题。古人云正心、诚意、修身、齐家、治国、平天下,以正为要。正者,中也。不中便是不正,中正便是中和。《礼记·中庸》云:"中也者,天下之大本也;和也者,天下之达道也。致中和,天下位焉,万物育焉。"为人、修身,须以中正为上,这是儒家所提倡、践行的人生箴言和信条。孟子提倡"浩然之气"、巍然人格,"其为气也,至大至刚","则塞于天地之间"(《孟子·公孙丑上》),这也便是"中正以观天下"。

白贲之美

白贲，无咎。

（贲卦䷕上九爻辞）

译文：

兆象为无色的白素之饰，占筮的结果是没有咎害。

贲卦卦象为离下艮上，这里所说的，是贲卦上九爻辞。从象数学的爻位知识上看，上九爻以阳居阴位，为不得位之爻，而所系爻辞，却是"白贲，无咎"，意思是白贲之饰，没有什么错咎，说明在《周易》中，有时候爻辞与爻位并未对应。这里的贲字，意思为"饰"。《序卦》云："贲者，饰也。"《杂卦》又云："贲，无色也。"综合两个关于贲字意义的解读，可以对"白贲"的意蕴加深理解。

从卦符看，贲卦上九，居于贲卦之极，贲之道反而归于平素。王弼《周易注》说："处饰之终，饰终反素，故任其质素，不劳文饰，而无咎也。"陈梦雷《周易浅述》云："居贲之极，反本复于无色，有白贲之象。"从全卦看，贲作为文饰，绚烂到极点，则反归于素朴，自然之理也。

所谓返朴还淳，绚烂之极归于平淡，作为中国绘画的一条基本的美学原则，当今中国美学论著，一概都将其归在道家名下。今本《老子》有"反者，道之动"的思想；《庄子·天道》则说："朴素而天下莫能与之争美。"自当不错。然而这种思想，也出现于《周易》贲卦上九爻辞，似乎不好理解。实际相传在文王演易时代，尚未有春秋战国时道、儒思想的分野。"白贲"思想在《周易》卦爻辞中出现，并不令人奇怪。这正好应了熊十力先生的一句话："易者，儒道两家所统宗也。"(《新唯识论》)

天文人文

贲亨。柔来而文刚,故亨。分刚上而文柔,
故"小利有攸往"。刚柔交错,天文也;文明以
止,人文也。观乎天文,以察时变;观乎人文,以
化成天下。

(贲卦䷕《彖辞》)

译文:

贲卦的象喻本在天地万类与人的命运因遵循天时、天机而亨通。贲卦的下卦为
离,由坤卦的一个柔爻文饰乾卦而成,所以亨通。贲卦的上卦为艮,是乾卦的一个刚
爻来交于坤卦的结果,所以贲卦辞有"稍有吉利,可以有所作为"这一判词。从贲
卦全卦看,其本体卦是泰卦,天地交泰,这便是天文;贲卦的下卦为离,离为火,象喻
文明,上卦为艮,艮为止,所以贲卦又象喻文明规矩,这便是人文。从天文的随时而
变,可以观察、认知与把握时令、时序与时机的恒变;又可以从天文观悟社会人生的
时变时化,以至善的道德规范治理人事而成就天下。

贲卦为离下艮上之象,离为火,艮为山,象喻山下有火。山峦草木葱茏,离火象喻光明,朗照其上,有贲饰之美。

贲卦六爻,阴阳交综,刚柔错采,所以亨通美丽。所谓"柔来而文刚",指下卦的离卦本体为乾,为坤卦的一个阴爻来就于乾卦九二,而变为离卦六二,这种阴阳相交是自然的。离者,丽也,美之谓。所以《彖辞》说,这是象喻"天文",可指自然美。

贲卦上卦艮体的生成,是乾卦的一个阳爻来交于坤卦上六而变为艮卦,所以《彖辞》说"分刚上而文柔"。这里,"分"有说过离卦生成的来由而再说艮卦生成缘由的意思。离卦在下、艮卦在上所构成的贲卦,实际是一个吉卦,所以《彖辞》这里所引的贲卦卦辞有所谓"小利有攸往"这一判词,意思是,筮遇此卦,小有吉利,可以有所行动。艮为山为止,象喻人的行为言说必有所规范和约束。而全卦的下卦为离,离为火,火的发现和利用,便是人类文明的开始;上卦为艮,艮为止,因而全卦象喻"文明以止"，这也便是"人文"。这里主要是儒家所说的道德规矩，转义可与道德美相联系。

贲卦既说天文，又说人文，天文、人文两词的出典，便在于此。《彖辞》进而说，人类可以而且必须以天文为"观"，从天文可以观察时令、时序与时机的变化；人类可以而且必须以人文为"观"，从人文可以观察社会的发展、变动及世道人心，从而可以让圣人的道德教化普遍施行而化成天下。

问题是，从贲卦的卦象，古人又是如何逻辑地推导出"天文""人文"这两大重要范畴的呢？

从上面的解析我们可以看到，位于下卦的离卦的本卦为乾，位于上卦的艮卦的本卦为坤，乾在下而坤在上，便是泰卦。所谓泰，《易传》有一个经典性的解释："天地交，泰。"

这就告诉我们，贲卦之象的文化、哲学与美学底蕴，蕴含了中华一贯的生命、生殖及阴阳交合意识，中国人是由此认知与给定天文、人文内涵的，这里的天文是自然而然的，人文也是自然而然的。从美学上看，天文是一种本始的自然美，人文可指至善的道德美。

消息盈虚

剥，剥也，柔变刚也。"不利有攸往"，小人长也。顺而止之，观象也。君子尚消息盈虚，天行也。

（剥卦䷖《彖辞》）

译文：

剥卦卦辞，说的是有关"剥"的易理，其卦象为五阴爻随时剥落而存一个阳爻，"不利于有所作为"，象喻小人当道、嚣张跋扈。下卦为坤、上卦为艮，构成坤为柔为顺而艮为山为止这一又顺又止的卦义，这是观悟卦象可以明了的道理。君子崇尚世界万类消与息、盈与虚在一定条件下可以互相转化的易理，它揭示了天地之道的本质规律。

这是《彖辞》解读与提升剥卦卦义的文辞。剥卦坤下艮上，五阴剥一阳，好比一棵枯树濒临死亡，只留下枝头一片绿叶。所以剥卦卦辞说："不利有攸往。"大约信筮的古人一旦筮遇剥卦，便会自认倒霉，或者惊恐莫名吧。

《彖辞》解读剥辞，却大有发挥。所谓"柔变刚"，指此卦五阴变蚀、改变阳刚之性，已经濒临极点，进而再变，则阳刚剥尽而为纯阴的坤卦。所以卦辞有"不吉利，不宜有所行动"这一判词。而五阴剥阳，不仅"不利有攸往"，而且象喻小人势力疯张。《周易集解》引郑玄云："五阴一阳，小人极盛，君子不可有所之，故'不利有攸往'也。"所谓"顺而止"，指剥卦的下卦为坤，坤为顺，上卦为艮，艮为止，故全卦有"顺而止"义。所谓"君子尚消息盈虚，天行也"，是说君子崇尚易道，凡是易道易理，都是具有消息盈虚的内在动态结构的。息极而消，消极而息，这是天地运行的本质规律。君子尊天地之道，把握天行规律以成就人事。

消息盈虚，作为天地自然如月满则渐亏、亏极则渐满的一个规律，在社会人事中，也随处可见。生死、成败、进退、盛衰与毁誉，等等，莫不遵循这一"天行"之则。人类唯有正确认知、把握而崇尚它，才可能立于不败之地。

反复其道

　　亨。出入无疾，朋来无咎。反复其道，七日来复。利有攸往。

（复卦䷗卦辞）

注释：

　　复：复归、回返。

译文：

　　进行祭祀没有错失。出入无疾患，朋来没危害。出门与回返，来回走了七天的路程。有利于有所作为。

复卦震下坤上，在今本《周易》卦序中，紧随剥卦之后，与剥卦互为综卦关系。《老子》有"复归于无极"这一著名哲学命题，意思是回到了原本的无极。而复卦卦辞所说"反复其道"的"道"，本指人所走的路。解读复卦卦辞的《象辞》，则转义为"天行"之"道"，指事物存在、发展的本质规律。

"七日来复"的"七日"，在复卦卦辞中，实指七天时间。我初学《周易》时，曾经怀疑这里的"七日"系"七曰"之误。后多方考辨，一时找不到实证。易学有"十二消息卦"说，以消与息，配一年十二月、四季，以说明一年四时、十二月的时序、气候与人生命运的此消彼息、时来运转，以阳盈为息、阴虚为消，排出有序的十二卦阳息阴消的运化规律，象喻天行之道与人必须循天而行，才可能天天平安、事事如意。

十二消息卦的逻辑原点在于复卦。从复卦到乾卦为"息"，依次为复卦一阳生（初九），临卦二阳生，泰卦三阳生，大壮卦四阳生，夬卦五阳生，乾卦六阳生；从姤到坤卦为"消"，依次为姤卦一阳消（初六），遁卦二阳消，否卦三阳消，观卦四阳消，剥卦五阳消，坤卦六阳消。其中乾、坤二卦是十二消息卦的消息之"根"。

本经复卦的意义，只是一个占筮的实例记载，无关乎"天行"即天地之道这般形上的哲学思想。所谓"出入无疾"，意思是说人走在路途，来回没有遇到咎害；"七日来复"，是说人出门走路去到一个地方,来回走了七天;"反复其道",是说从这里出发而最后又回到了这里;"利有攸往",作为算卦的判词,指有利于有所作为。

可是,《象辞》将卦辞的本义转换、提升了,将此提升到"天行"即哲学之"道"的高度。李鼎祚《周易集解》引何妥关于复的解读最是贴切,称"复者,归本之名"。又说"群阴剥阳,至于几尽,一阳来下,故称反复"。复是归本的意思,这揭示了天地之道运行的常则,道家所提倡的返璞归真,指的便是复道。复是天地之气的反复运行之道。从复卦卦象看,在十二消息卦中属于"一阳来复"的卦,说明阳气始生即复。阳气始生,一阳来复,遂使万物生命亨通,此之谓"以阳刚来反(返),理势必亨"(陈梦雷《周易浅述》)。

所谓"出入无疾",《程氏易传》的解读很有意思:"出入,谓生长。复生于内,入也;长进于外,出也。"这是从生命之气的角度着眼,称下卦为震,震者动之谓,所以说"复生于内"。内,人进入某处即为内。上卦为坤,坤为柔顺,它与下卦震构成了内震外坤之象,造成了阳动于下,顺而上行的态势。由于气的大化流行,这一阳气顺而上行,复下为入,于是上行为出,所以,象喻社会人事,无论出还是入,都是没有咎害的。

"朋来无咎"一句的"朋来",指初九象喻的这一阳气,为群阴之"朋",初九上应六四,即为"朋来"而没有咎害的意思。

"反复其道，七日来复"，象喻十二消息卦从复卦"一阳来复"，经临卦、泰卦、大壮卦、夬卦、乾卦到姤卦一阳之消，便是从息卦到消卦的变化历程，为"七"。这里"七日来复"的"复"，指复卦的一阳息生到一阴消阳，而且在《象辞》看来，这是天地之道恒变的一个普遍规律，人不可违逆。

　　中国历史哲学的"历史循环论"，便源出于此。《三国演义》开篇写道"话说天下大势，分久必合，合久必分"，云云，便是"反复其道"这一易理的体现。

无妄之灾

无妄之灾。或系之牛，行人之得，邑人之灾。

（无妄卦☲六三爻辞）

译文：

不妄为却也遭祸。拴在外的牛，被路人顺手牵走，这是小城之人出乎意料的灾祸。

无妄卦六三爻辞以无妄之灾为人文主题，象喻受筮者受筮的结果是事先预测不了、出乎意料的遭遇。无妄卦，由下卦震与上卦乾构成。爻辞是说，有人把一头牛拴在小城的外面，却有人顺手牵牛，这是小城人想不到的灾祸。

解读这一爻辞，关键在于爻辞中的"牛""系""行人"与"邑人之灾"等意象，如何与六三这一爻符相联系。下卦的震卦初九爻变，而为坤卦，据《说卦》，"坤为牛"。无妄卦的九五、九四、六三为互体成巽卦，据《说卦》，巽"为绳直"，有绳系之象。无妄卦的九四、六三、六二为互体成艮卦，据《说卦》，"艮为手"，有顺手牵牛之象。而六三居于全卦的中位，象喻人位，故有"行人"之象。六三虽处中位，而为阴爻居于阳位，是一个不得位的爻符，所以象喻"邑人之灾"。

解读这一爻辞"无妄之灾"四字的意义，还须结合《象辞》的有关解释。《象辞》有"刚中而应，大亨以正，天之命也"之说，指无妄卦的六二上应九五，两爻都是得中、得正的爻象。孔颖达《周易正义》说："九五以刚处中，六二应之，是'刚中而应'。刚中则能断制虚实，有应则物所顺从，不敢虚妄也。"不敢虚妄，便是无妄；无妄者，正也；正者，天之道也，也便是"天之命"。人的思想、行为，自当须以"无妄"即中正之道安身立命。可是，总有人不守此道而有所妄为，如此卦六三爻辞所说的小城行人顺手牵牛，让别人遭遇想不到的灾殃。

无妄之灾，早已成为一个家喻户晓的成语，与飞来横祸一词的意义相近。或者将那些似乎没有什么原因的人与事物、事故的牵连，比喻为无妄之灾，有夸饰性的修辞意义。

日新其德

刚健,笃实,辉光,日新其德。

(大畜卦☲《象辞》)

译文:

　　大畜卦象喻的君子道德品格是,阳刚而健硕,诚笃而充实,恢宏而灿烂,而且与时俱进,天天有新气象。

这是关于大畜卦《象辞》的部分文辞。大畜卦，乾下艮上之象，是乾健与艮止的结合，有蓄聚的喻义。畜者，蓄之谓。这一卦为何称为"大畜"？从全卦看，下卦为乾为父，上卦为艮为少男，都是阳性卦符。陈梦雷说："以阴畜（蓄）阳，所畜者小，则为小畜。以阳畜阳，畜之力大，则为大畜。"又称："全《象》兼畜德、畜贤、畜健之意，总以见（现）畜之大。"（《周易浅述》）大畜卦下卦象天，上卦象山，有天光山色的喻义。这样的卦象，是说乾天之气上扬，遇艮止之气而蓄聚为郁勃态势，所以"刚健，笃实，辉光"。以艮卦之气蓄聚乾天之气的能量，内卦乾刚而外卦艮笃，所蓄者大矣，因而能"日新其德"。总之，乾气在内，为艮所止，聚存刚健之势；艮气在外，艮山岿然，因而笃实不移；乾阳与艮阳两者相照，遂成辉光。而下卦乾体九二爻变为离卦，离为火，《说卦》说离"为日"，故辉光日新也。

孟子说，"我善养吾浩然之气"（《孟子·公孙丑上》），"充实之谓美，充实而有光辉之谓大"（《尽心下》），这与大畜卦的寓意相通。

虎视眈眈

颠颐，吉。虎视眈眈，其欲逐逐，无咎。

（颐卦䷚六四爻辞）

注释：

颠：借为"填"，塞的意思。

颐：腮帮。

眈眈：注视的样子。

逐逐：指连续不断。

颐卦震下艮上，象喻颐养之道，可见于解释颐卦的《彖辞》："养正则吉也"，"观颐，观其所养也"。《序卦》也说："颐者，养也。"颐卦卦辞有"观颐""口实"之词，初九爻辞有"观我朵颐"等，都有颐养的意思。成语"大快朵颐"，便是从这里引申而来的。六四爻辞"虎视眈眈"一语，形容老虎目光炯炯专注的样子，很是生动传神。

颐卦卦象的喻义，与颐养联系在一起。颐卦卦符，震卦在下，艮卦在上，在上下（上九、初九）两个阳爻之间，含有四个阴爻，好像人的上下颚与中间两排牙齿。人吃东西时，上卦为艮而艮为止，象上颚不动；下卦为震而震为动，象下颚随咀嚼而动，所以古人说："上止下动，颐颌之象。"

颐卦所象喻的，是颐养之道。人吃东西本来为的是果腹，但在中国伦理文化中，又是人生修养不可或缺的一部分。人生修养，贯彻于衣食住行的各个方面。到现在，中国人还教导小孩说：坐有坐相，站有站相，睡有睡相，吃有吃相，等等。关于怎样吃饭的规矩，《礼记》规定了许多。如请客吃饭："客践席，乃坐。主人不问，客不先举。将即席，容毋怍，两手抠衣，去齐尺。衣毋拨，足毋蹶。"大意是，客人应邀前来聚餐，只有当客人坐下后，主人才能就坐。席间，主人不说话，客人不能先说。将就席时，应该保持庄重的仪态，走动时，要两手提起衣裳，使得下裳的下边离地一尺，不要使衣裳摆动，脚步要小，走路不要匆忙。种种规矩，真的是多如牛毛。

这里，六四与初九是相应的关系，所以"吉""无咎"。陈梦雷的解读是有道理的："但四居初之上，所处得正，又为正应"，"自四而言之，则四之能养初九为吉，初九之刚，其视若虎之眈眈，不可驯也，六四顺其所欲而致之，逐逐焉而来，不失以上养下之正，咎可无矣"。(《周易浅述》)

译文：

　　有食物可以填饱口腹，是吉利的。好比老虎目光炯炯，持久专注于猎物，不间断地吃饱肚子，满足欲望，是没有过错的。

天下和平

　　咸，感也。柔上而刚下，二气感应以相与。止而说，男下女，是以"亨，利贞。取女，吉"也。天地感而万物化生，圣人感人心而天下和平。观其所感，而天地万物之情可见矣。

（咸卦☶☶《彖辞》）

注释：

　　咸：gǎn，感的本字。

　　说：yuè，喜悦的意思。

　　取：娶的本字。

这是《彖辞》关于咸卦卦辞的阐释和发挥。

咸卦艮下兑上，艮为少男，兑为少女；艮男阳气轻扬而上，兑女阴气重浊而下，咸卦的人文主题，为阴阳之气相互交感。在动物界，雌雄相感，原本为无心的感应，因而为"咸"。人类由动物发展而来，男女所感必须有心，而此感之心，由无心升华而来，却以无心之"咸"即性为生理基础。

咸卦的上兑具有阴柔之性，下艮具有阳刚之性，阴阳柔刚之气互相感应；艮为止，兑为悦，以成少男少女相互和合。《周易正义》说："艮刚而兑柔，若刚自在上，柔自在下，则不相交感，无由得通。今兑柔在上而艮刚在下，是二气感应，以相授与。"所言是。从卦符看，这是"形不交神交"。《周易集解》引郑玄说："艮为山，兑为泽，山气下，泽气上，二气通而相应，以生万物，故曰咸也。"此叙《说卦》"山泽通气"之言，可备一说。《周易正义》又以"婚姻之义，男先求女"，"皆是男先下于女，然后女应于男"语，来解说"男下女"义,亦可备一说。

《彖辞》由此更有引申,以生命的阴阳之气相感,说天地感而万物化生之理。即从天人合一的生命文化与生命哲学,将天地万物看作人类一般极富生命之气,从"近取诸身"到"远取诸物",以为天下一切皆具有阴阳交感的性德与功能,将自然宇宙和社会人生看作一个统一而无限的生命之气的"乐园",灌注生气于一切人物、事物。其哲学底蕴便是《庄子·知北游》所说的"通天下一气耳"。这是很"文化"很"哲学"的。坚信天地万物的易理,都可以由此而"见"(现)。《周易正义》指出:"咸道之广,大则包天地,小则该万物,感物而动,谓之情也。天地万物皆以气类共相感应,故'观其所感',而天地万物之情可见矣。"所言是。易学界有人以为,全部易理可以一个"咸"字加以概括,值得我们深思。

　　所谓"咸"，是相互感应的意思。咸卦的上卦兑性阴柔，与下卦艮性阳刚，构成相互交感状态。艮性为止而兑性为说(悦)，是少男求偶于少女，所以"彼此亨通，有利于正固道德的发扬。男娶女、女嫁男，便吉祥如意"。有天地二气的交感，才有万物的化育生成，圣人由此感通于世道人心，而使得天下安定和平。只要观悟这二气的感应现象和本质规律，天地万物的情情实实是怎么一回事，就可以洞见了。

大者为正

大壮，大者壮也。刚以动，故壮。大壮，利贞，大者正也。正大而天地之情可见矣。

（大壮卦䷡《彖辞》）

译文：

大壮卦的意义，在于伟大而雄强。阳刚之气雷动于天，所以强健而雄壮。从卦辞所言筮遇大壮卦，占问的结果是吉利这一判词，可以引申出刚大者中正不阿、伟大崇高的意义，由此，天地的伟大性德也就可以洞见了。

《易传》反复强调象、数、气、和、生、变、阴阳、中正、天人合一等理念和思想，这里所说的"大壮""正大"，是《象辞》从大壮卦象与卦爻辞所引申的易理。

大壮卦乾下震上，乾为天，震为雷，是雷在天上的景象。整个卦象四阳二阴，阳刚之气，壮伟盛大；天上雷震，以刚而动，大壮之谓也。全卦象喻正逢阳壮之时，自当亨通。九二居于下卦中位，六五居于上卦中位，九二应于六五，象征天地的中正。《周易集解》引荀爽说："乾刚震动，阳从下升，阳气大动，故壮也。"朱熹《周易本义》说："以卦德言，则乾刚震动，所以壮也。"

大壮卦义，一向为儒者所推重。为人光明正大，气质庄严，气度恢宏；为事见义勇为，不谋偏私，以天下为公，以天下苍生为念，是真儒的伟大形象。《象辞》也有"雷在天上，大壮。君子以非礼弗履"的说辞。儒者坚信，人在做，天在看。人的一言一行、一念一思，都要循天则而就人事，做到无欺于天，无违于人。儒家崇尚大气度、大手笔、大场面、大舒展，心中有一个敬畏于天的大尺度，而崇高正直，便是崇尚中正的"大壮"。因而，君子观悟大壮的易理，便自觉地认识到，那些不合乎礼则的，绝对不去践履。

中国建筑界有人说，大壮卦象，好比中国古时候宫室造型的抽象表达，两个阴爻在上，象征建筑的顶盖，四个阳爻在下，象征建筑的墙体和地基。可备一说。

《易传·系辞下》说："上古穴居而野处，后世圣人易之以宫室，上栋下宇，以待风雨，盖取诸大壮。"可证宫室（建筑）与大壮卦义相契。原始先民先是住在自然山洞里，尔后经过多少万年，才有智力、能力掘地而居，称为穴居。这是一种筑在地下十分简陋的居住空间，不能也不可以称为"大壮"之居。然而，人类最终能够从地下上升到地面，建造规模与造型远比穴居高级得多的宫室，让立柱耸立向上，人字式的两坡顶向下，以迎接、抵御风雨的侵袭。从此，人开始挺直腰杆、扬眉吐气，"按照美的规律来建造"(马克思语)建筑，象征人的高大形象屹立在大地之上，这也便是大壮卦引申义所说的"大者壮也""大者正也"的意思，也是中国人心目中的"崇高"。

明出地上

晋,进也。明出地上。顺而丽乎大明,柔进而上行。

(晋卦䷢《彖辞》)

译文:

晋的意思是进长,旭日升起于大地之上。坤为下卦,顺从、附丽于上卦离的宏大光明,有臣子顺随君王而上进的喻义。

这是《彖辞》关于晋卦卦辞的解读。晋卦坤下离上，认知这一卦义的关键，在于一个"明"字。在甲骨卜辞中，所谓"明"，指月光照临窗户，是一种很美丽的夜月静寂的意境。汉字楷书的这一明字，俗称日月为明，已不是明字的本义。这里的"明"，转义指初升的太阳。坤为地，离为火（日），确为"明出地上"之象，喻指旭日初升，以文字表达，便是复旦大学的"旦"字。"旦"这个字，从日从一。所谓"日"，为《周易》离卦所喻；所谓"一"，指大地，为坤卦所喻，并非指数字一。甲骨卜辞有"旦"字，便是下为大地、上为旭日的象形写法，是坤下离上的晋卦的文字表述，也是"明出地上"即旭日初升的景象。《周易正义》说："离上坤下，故言'明出地上'。明既出地，渐就进长，所以为晋。"

　　坤卦喻柔顺，离卦喻美丽（《说卦》："离，丽也"），所以说"顺而丽乎大明"（大明亦指太阳）。但在这一《彖辞》中，以离日为"大明"即喻君王，以坤地喻臣属，是将坤下离上喻为臣子服膺于君王。《周易集解》引崔憬说:"坤,臣道也;日,君德也。臣以功进,君以恩接,是以'顺而丽乎大明'。"《周易正义》说:"六五(上卦离的中爻,居于中位)以柔而进,上行贵位,顺而著明,臣之美道也。"《易传》七篇十个部分的文字解读,几乎都是具有伦理道德的人文意义的,这是《易传》为孔子后学编纂的缘故,很能传扬孔子的儒家教导。所以《象辞》说:"明出地上,晋。君子以自昭明德。"

我以为,《易传》总是将本经每一卦的卦爻辞,往儒家礼学、仁学与哲学等方面进行解读与发挥,这固然不谬,但今天的读者,还可以在认知、了解这些的同时,注意发掘《易传》的文化学、哲学与美学等思想因素。

明入地中

明入地中，明夷。内文明而外柔顺，以蒙大难，文王以之。"利艰贞"，晦其明也，内难而能正其志，箕子以之。

（明夷卦 ䷣《彖辞》）

译文：

夕阳西下，暗夜来临，象喻光明的隐没。文王以明夷之道，内修正志仁德而外表臣服于商纣，由此渡过劫难。箕子身处绝境，昏君在上而贤明蒙暗，利在外佯狂而内存心志，才得以保全。

这是《象辞》关于明夷卦卦辞的解读与发挥。明夷卦离下坤上，与坤下离上的晋卦构成综卦关系。离为火(日)，坤为地。晋卦喻旭日初升，光辉灿烂，"明出地上"；明夷卦喻夕阳西下，黑夜降临，"明入地中"。

这一解析明夷卦义的《象辞》里，提到了文王与箕子。

文王姓姬名昌，亦称西伯，其子武王灭殷后谥为文王。《史记》说，"西伯积善累德，诸侯皆向之"，"帝纣乃囚西伯于羑里"，"盖益《易》之八卦为六十四卦"。是说西伯长期做好事、行善德，诸侯拥戴而天下归心。商纣王一看大事不好，就将他投入监狱，囚禁在羑里(今河南汤阴)，所以《象辞》称文王"以蒙大难"。西伯在狱中演《易》为六十四卦，以此渡过艰难时世。箕子，名胥余，商纣王叔父，为殷末三仁(箕子、微子、比干)之一，由于封地在箕，故称箕子。据《史记》，纣昏暗暴虐滋甚，杀比干，箕子讽谏而商纣不听，反而将他投入牢狱。在狱中，箕子佯装疯傻,才躲过一劫。武王克殷,才命召公释放了箕子。

这两段史事被《易传》的编纂者写入《象辞》,正好与明夷卦的卦符相应。明夷卦离下坤上。离为火,火即文明;坤为地,为柔顺:象喻文王内存文明,意思是对商纣的荒淫无道洞若观火,而外在表现,却对商纣的统治权作服从。那时候周族的力量还不足于公开对抗商族,这便是"内文明而外柔顺"的意思。清代李道平《周易集解纂疏》说:"离在内为文明,坤在外为柔顺。文王有文明柔顺之德而臣事殷纣,幽囚著《易》,故曰'以蒙大难'。"而离下坤上,以离火为坤地所碍,所谓"明入地中"、夕阳西沉,正可比喻箕子入狱、"晦其明也"。所谓"内难而能正其志",是指下卦离火隐没于地中,好比箕子遭难;离卦的中爻即六二,为阴爻居于阴位而为得中、得正之爻,好比箕子罹难而其志忠贞。《周易正义》说:"明在地中,是'晦其明也'。既处明夷之世,外晦其明,恐陷于邪

道,故利在艰固其贞,不失其正。"箕子在
狱中,装疯卖傻以守其正志,此之谓"箕子
以之"。

正家定天下

家人，女正位乎内，男正位乎外。男女正，天地之大义也。家人有严君焉，父母之谓也。父父，子子，兄兄，弟弟，夫夫，妇妇，而家道正。正家而天下定矣。

（家人卦䷤《象辞》）

译文：

　　家人卦所象喻的是一家人正当的伦理关系，即女主内，男主外。男女居位正当，是天地的根本大义。一个家庭，有严正而有权威的家长，便是父母。父亲是父亲，儿子是儿子，兄长是兄长，幼弟是幼弟，丈夫是丈夫，妻子是妻子，家庭中的每个成员所必须遵循的伦理道德，不可错越，这便是家庭伦理的正道。家道中正，天下就安定了。

这是《象辞》关于家人卦的阐析和意义提升。家人卦卦辞只是说"利女贞",意思是筮遇此卦,女子占问的结果是吉利的。岂料,《象辞》由此联系到治理天下这一大问题,讲了一大通正家、理家的大道理。《象辞》所说的"家道正。正家而天下定",与四书之一《大学》所说相通。《大学》有云:"身修而后家齐,家齐而后国治,国治而后天下平。"古时候,儒家治理天下理想的完整表述为:正心,诚意,修身,齐家,治国,平天下。

就此而言,一个血族家庭的男女、夫妇、父母、子女与兄弟,等等,在一切家庭伦理道德和法律的践行中,居于首要地位的,是"正心"。家庭的每一个成员,无论男女、长幼,都必须首先正其心,尔后诚其意,修其身,齐其家,才得治国、平天下。关键在于,人心为何,心向何处,心之何以可能。心是天下最难以管理的一个东西。无论心在江湖天下还是在蝇头小利,在朝堂政治抑或乡野僻壤,反正大而言之,人心便是江山,江山便是人心,小而言之,如要家道正,首先必须做到人人、时时、事事心正。心正则人伦、道德、法律正。家人之间,以正为则,以诚相见,这是起码的要求。不偏、不邪、不欺、不慢、不私、不瞒,等等,在家庭伦理与法律道德上,做到人格与应有权利的平等,互相尊重,是现当代家庭所必须的。

这样看来,家人卦这里所强调的"正家"之道,与《大学》相比,缺了"正心、诚意"这一关键的内心修养;与现当代的家庭建设相比,主要欠缺的是家庭成员在道德与法律面前做到人格、权利、义务的平等、自由和彼此尊重。然而,《象辞》所说的"正家而天下定矣"的思想观念,还是不错的。每一个家庭,是构成天下、社会的一个个"细胞",只要一个个"细胞"是健康而有活力的,那么,天下、社会作为一个有机体,也一定是健康而安定的。所以在《象辞》看来,普天下大凡家道正的,天下必安,说明治理天下必先"正家",这也便是《大学》所说的"齐家"。

《彖辞》有关家人卦义所强调的，是严峻的伦理关系，偏于孔子所提倡的礼而非仁。礼所强调的是意志的整肃；仁将礼的信条与践行，提升为人内心的自觉需求。《论语·颜渊》记载："齐景公问政于孔子。孔子对曰：'君君，臣臣，父父，子子。'"又记孔子之言："非礼勿视，非礼勿听，非礼勿言，非礼勿动。"《彖辞》这里所言，是关乎儒家之礼的思想信条，与《论语》所记的孔子之言相一致。

从家人卦与象数的关系看，其卦体为离下巽上，离为火，巽为风，故称风火卦。《周易集解》引荀爽云："父谓五（九五），子谓四（六四），兄谓三（九三），弟谓初（初九）；夫谓五（九五），妇谓二（六二）也。各得其正，故'天下定矣'。"家人卦的六二、九五，又都是得中、得正之爻。陈梦雷说，"九五居外，六二居内，男女正位之象"，全卦"四阳二阴，阳强阴弱，夫唱妇随之象"，"盖男女内外俱正，乃为治家之道，故即卦中九五、六二二爻而推言之也"。（《周易浅述》）

与时偕行

损，损下益上，其道上行。损而"有孚，元吉，无咎，可贞，利有攸往。曷之用？二簋可用享"，二簋应有时，损刚益柔有时。损益盈虚，与时偕行。

（损卦䷨《象辞》）

译文：

损卦说的是减损于下而增益于上的道理，符合兑卦阴德上行于艮卦阳德的大道。损有余而益不足这一易理，是从损卦的卦辞"有所俘获，大吉大利，没有错失，这是可心的占问，有利于有所作为。而祭祀用什么祭品？两簋就可以了"这一占例中生发出来的，以两簋这样的薄祭祭祀神灵，象征损刚益柔应合于时势、时机。这说明阳刚减损阴柔增益、损下益上，都必须合于时宜。

这是《象辞》关于损卦卦义的解读与发挥。损卦与随后的益卦为综卦关系。《象辞》称损卦"损下益上",称益卦"损上益下"。损卦兑下艮上,取损其余而补不足之义。损卦的上卦为艮,艮为山,下卦为兑,兑为泽,泽在山体之下,泽气上蒸于山而润泽于草木,故有"山体高,泽体深,下深而上益高","损下乾刚而益柔(下卦初九应上卦六四,九二应六五),益上坤柔而成刚"(陈梦雷《周易浅述》)的态势。是的,损上益下称为"益",损下益上称为"损",有如古时普施君惠以安民心为"益",剥夺民利以奉君为"损"。观察全卦,下卦的兑卦三爻,都依次分别上应于上卦的艮卦三爻,使得上三爻都损中受益,这是当损则损、当益则益,损有余而益不足,可谓深知"损益盈虚,与时偕行"之道。

王弼《周易注》说:"艮为阳,兑为阴。凡阴,顺于阳者也。阳止于上,阴说(悦)而顺。损下益上,上行之义也。"这是说,据《系辞下》"阳卦多阴,阴卦多阳"的说法,艮卦由一个阳爻和两个阴爻构成,其性为阳;兑卦由两个阳爻和一个阴爻构成,其性为阴。所以,兑卦作为阴性之卦,柔顺于作为阳性之卦的艮卦。而上卦艮为止,艮具阳性,故而"阳止于上";下卦兑为说(悦),故而"阴说而顺"。上下卦关系,确为"损下益上"而且依时而"上行"。

损卦卦义,意在"损有余而补不足""堤内损失堤外补"与"均贫富",但是并非主张损人利己、损公肥私。《周易》所说的损益之道,强调当损则损、当益则益,因时势而行,依民心而行,这也便是《象辞》所说的"损下益上,其道上行"。"损益盈虚,与时偕行"才是正道。

不失其亨

困,刚掩也。险以说,困而不失其所亨,其唯君子乎!"贞,大人吉",以刚中也。"有言不信",尚口乃穷也。

（困卦䷮《彖辞》）

注释:

困:从口从木,口是围的本字,表示树木受困而难以生长。

说:yuè,喜悦的意思。

译文:

困卦象喻困穷之时,指阳刚之气被掩阻。坎为险而兑为悦,人处困穷之时,依然不失其乐观自信,有战胜困穷的践行,从而命运亨通,这是只有君子才能做到的啊!卦辞所说的"占问此卦,预示大人的命运吉利",是此卦主爻九五居中、得中与得位的缘故。卦辞所谓"有言不信"的意思是,他人的闲言碎语不必采信,要是相信,就会陷入困穷之境。

这是《象辞》对困卦卦辞的解读。困卦为坎下兑上结构，坎阳在下，兑阴在上。

虽然初六上应九四，但作为上下卦各居中位的九二却不能应于九五，六三也不应于上六，此所谓困之时也。下卦九二受限于二阴之中，上卦二阳又为上六阴爻所据，凡此都为阴掩阳之象，困之谓也。然而从另一方面看，虽则坎卦象征坎险，为君子受困之时，而兑卦又象征悦乐，所谓"险以说（悦）"，却正是君子处险之时而能乐观面对的象喻。所以卦辞有"困：亨"这一看似不可理喻的判词。既然已经处于困顿之时，为什么又说命运亨通呢？其实，人的命运是否亨通，主要不在于所处环境、遭遇的危困与否，而取决于人面对危困的态度。东汉经学家郑玄说："君子虽困，居险能悦，是以通而无咎也。"（李鼎祚《周易集解》引）从困卦的象数角度分析，九二、九五互不相应，困之象也，但该卦的九五作为全卦主爻，为得中、得正之爻，象君子的乐观、进取人格。因而荀爽说："君子虽陷险中，不失中和之行也。"（同上）

我们学习、探讨《周易》的易理，在《易传》中往往推重君子人格，这是儒家"道德救世"说的体现，这里也是如此。道德能否救世，这是值得思考与讨论的。

井养不穷

巽乎水而上水，井。井养而不穷也。"改邑不改井"，乃以刚中也。

（井卦☷☷《彖辞》）

译文：

井卦的下卦为巽，巽为入，上卦为坎，坎为水，全卦有遵循水的渗透之性而从水井汲水之象。井水养人，功德无量。从卦象看，卦辞所说的"城邑可以搬迁而水井不能搬迁"的缘由，是井卦主爻九五以阳刚之气得正、得中。

这是《象辞》对井卦卦辞的解读。井卦卦辞,有"改邑不改井。无丧无得,往来井井"语。大意是说,城邑可以搬迁、改造,但是水井不能搬迁。从水井汲水,水井不见枯竭;不汲水,水井不会满溢。《象辞》发挥了"井养而不穷"的哲学意义,认为这一"井德"便是君子仁德的象喻。君子处世为人,有如"井德",无私地给予社会和民众,却永不见枯竭,也不见满溢,井德永恒不变。

这里所谓"井德",实指水德。中国古时候,以水象喻君子之德,是一大人文传统。从孔子开始,就有"君子比德"说。《论语·雍也》所记载的"知者乐水,仁者乐山"便是一个显例。汉代刘向《说苑·杂言》记载:"子贡问曰:'君子见大水必观焉,何也?'孔子曰:'夫水者,君子比德焉:遍与而无私,似德;所及者生,似仁;其流卑下句倨,皆循其理,似义;浅者流行,深者不测,似智;其赴百仞之谷不疑,似勇;绰弱而微达,似察;受恶不让,似贞;包蒙不清以入,鲜洁以出,似善化;主量必平,似正;盈不求概,似度;其万折必东,似意。是以君子见大水观焉尔也。'"录此以便加深对于"井德"的体悟。

汤武革命

革,水火相息。二女同居,其志不相得,曰革。"巳日乃孚",革而信之。文明以说,大亨以正,革而当,其悔乃亡。天地革而四时成。汤武革命,顺乎天而应乎人。革之时大矣哉。

(革卦☲☱《彖辞》)

注释:

巳:祀。

孚:俘。

悔:错悔。

革卦卦体的下卦为离为火,上卦为兑为泽,水火相异,象喻相异者相应。但下离又为中女,上兑为少女,并非异性相吸而是同性相斥,或者可以说,上兑泽水、下离火燃则水涸,下卦离火又被上卦泽水流湿而熄灭,好比"二女同居",并非什么好事。所以《象辞》说"其志不相得",不是一种正常的自然与社会生态,因而必然引起革命。卦辞"巳日乃孚"一句本来的意思指"祭祀祖神那天,以人俘为祭品",意味着就革命的行动向祖神询问,而求得祖神与民众的同意和信任。所谓"文明以说",指下卦为离,离为火,火则文明,与上卦兑相敌又相说(悦);"大亨以正,革而当",指六二与九五都为得中、得正之爻,而且两爻相应,所以说革命正当其时;"其悔乃亡",指正当时的革命中,错悔也就消亡。

一个时代的变革,一个朝代的更迭,那些所奉行的"主义""理想"高远,方式尤为剧烈的,往往可称为"革命"。"革命"一词,革者,变革,命者,天命,所谓革命,祛旧革新,推翻一切旧社会、旧制度之谓。"钟山风雨起苍黄,百万雄师过大江。虎踞龙盘今胜昔,天翻地覆慨而慷"(毛泽东《七律·人民解放军占领南京》),便是革命。历史上,"秦王扫六合,虎视何雄哉!挥剑决浮云,诸侯尽西来"(李白《古风五十九首·秦王扫六合》),也是革命。革命的时代、民族、阶级及其内容、意义往往大为迥异,而革命的广度、深度与难度则可能一致。中国民主革命的伟大先驱孙中山先生有言:"革命尚未成功,同志仍须努力。"(1923年题词)凡是革命成功的,一定是"顺乎天而应乎人",天时、地利、人和缺一不可。

译文：

革卦上兑为泽水，下离为焰火，水火相互息长。上兑为少女，下离为中女，好比两位女子同居一室，心志不能相投，这就叫革。卦辞所谓"祭祀祖神那天，以人俘为祭品"的引申意义在于，进行革命必须逢天时与得到民众的信任。下卦离为火，火即文明，上卦兑为悦乐，因而功德文明，令人欢愉，六二上应九五，得中、得正，大为亨通而中正，象喻革命的进行正当其时，一切错悔也就消亡。这正如天地运行，春秋代序，冬夏更替，是自然的因时而变革。商汤推翻夏桀与周武扫灭商纣，是顺乎天命、应于民众愿望的革命。革命的时机、时宜，是根本的啊。

钟鸣鼎食

木上有火，鼎。君子以正位凝命。

（鼎卦䷱《象辞》）

译文：

　　鼎卦下为巽木而上为离火，象喻以木燃火的兴旺景象。君子的道德品格中正而崇高，仰视、专注于上天的使命。

成语"钟鸣鼎食"，用以形容古时候贵族大户人家敲着钟列鼎而食的豪奢生活，出自《史记·货殖列传》"洒削，薄技也，而郅氏鼎食""马医，浅方，张里击钟"句。《红楼梦》第二回冷子兴向贾雨村"演说荣国府"时说："谁知这样钟鸣鼎食之家，翰墨诗书之族，如今的儿孙，竟一代不如一代了！"这里钟鸣鼎食的"钟"，指古代一种称为编钟的乐器；"鼎"，便是《周易》鼎卦所说的这一种器物。

所谓鼎，由远古陶制食器演变而来，是一种由青铜制造的炊具。一般的鼎，有三足，便于鼎腹下举火烧制食物。尔后，大概出于古人对鼎烹饪食物的虔诚感激，与崇祖而森严的等级制度、观念相联系，又因青铜鼎器的铸造不易，鼎便由烹饪之器转嬗为等级、权力的最高象征和国之重器。"天子九鼎，诸侯七，卿大夫五，元士三也。"（《春秋公羊传·桓公二年》注）相传夏禹曾收九牧之金（青铜），铸造九鼎于荆山之下，象征天下九州。司母戊大方鼎、兽面纹方鼎、大克鼎与毛公鼎等,以其硕大、重实、狞厉的造型,以及铭文和铸塑的纹样等,成为从夏、商、周到汉初漫长岁月的中国文化、政治、伦理与艺术的权威性象征。

《周易》鼎卦所说的鼎,兼有"亨(烹)饪"与"以享上帝"(《象辞》)两个功能。从其九四爻辞"鼎折足,覆公悚,其形渥,凶"看,这是一次王公祭祀祖神的祭礼,可惜这次祭神很不圆满,因为祭鼎的足折了,导致鼎内的祭品倾倒在地上,一片濡湿、龌龊的样子,所以凶险。

然而,鼎卦卦辞称"元吉,亨"(意为大吉大利,命运亨通),无疑是一个吉卦。《象辞》云:"木上有火,鼎。君子以正位凝命。"这里所谓"木上有火",是就卦象而言的。鼎卦巽下离上,巽为木,离为火,干柴烈火,象征以鼎器烹煮食物,用以祭祀神灵。这一以火燃木之象,象喻君子居于正位而专注、执着于上天的使命。为什么君子如此崇高,以天命为己任呢? 鼎卦以六五为其主爻,为阴爻居于上卦中位(假如为阳爻居于此位,则为得中、得位之爻,象征帝王之位与天命所在,乾卦九五便是如此)。因而鼎卦六五,为居中的臣子之位,有"利贞"这一君子使命在身、道德守持正固的意义。陈梦雷说:"离为听政之位,巽为命令。天之命,亦命也。恭己以正其位,而凝固其所受于天之命。盖鼎为重器,故有正位凝命之象。"(《周易浅述》)

恐惧修省

洊雷,震。君子以恐惧修省。

(震卦☷☷《象辞》)

震卦是一个以雷震为象喻的卦符,它的结构为震下震上。它的象喻意义,在于将祭祖和雷震之象结合。《彖辞》说:"'震惊百里',惊远而惧迩也","可以守宗庙社稷,以为祭主也"。大意是说,卦辞所说的"震惊百里",指惊雷震天动地、响彻百里。这个时候祭祖,便是向祖神虔诚叩问,祖神就如天雷的无上威权,使得远近的一切君子、子孙深感警惧畏恐,唯恐辜负亵渎了天神、祖神的嘱托,内心充满了对于天地、祖先的感激和敬畏。唯有如此,才能继承天下的宗庙社稷,守卫、发展祖先的伟业。祭祀祖神,是男性祭祀者必做的人生功课。

《彖辞》所说的这个意思,《象辞》只用简洁的一句话加以概括,叫做"洊雷,震。君子以恐惧修省"。这里的震卦下卦为雷、上卦为雷,便是洊之雷象,指打雷一个接着一个。这好像老天与祖神都在"大声发言",不断地警告君子,必须严格遵循无上的天则和祖训,为人律己,做事兴业,关键在于事事警惕,处处畏敬,恐惧于心,修省于事,恐惧兼以修省,此所以畏天而敬宗也。

远古时代的中华文化,是一种东方式的原始信文化,分为彼此相系的自然崇拜与祖神崇拜。震卦之象及其《象辞》,与《彖辞》的意思相一致,都在于从雷震之时祭祀祖神中,启悟作为男子汉大丈夫内心对于上天和祖神的敬畏之情。这是一个十分神圣、庄严而崇高的卦象。

思不出位

兼山,艮。君子以思不出其位。

(艮卦☶《象辞》)

译文:

艮卦象喻艮止复艮止的那种强调静止、抑制的意蕴。君子观悟于此,思考不宜逾越既定之位的道理。

这是《象辞》关于艮卦卦辞的解读和引申，也是对《彖辞》解说艮卦卦辞意义的概括。《彖辞》说："艮，止也。时止则止，时行则行，动静不失其时，其道光明。"艮卦结构艮下艮上，艮为止。君子应该懂得依时而行的道理。人的行为，该停止时即住手，该行动时便出手，一切循时而动，不可盲目，称为"动静不失其时"，时间与时机为优先考虑。《周易》通篇重时、讲时，时是根本易理之一，尤当注意。陈梦雷说，此卦的意蕴，在于"时止而止固止，时行而行亦止，非胶于止，唯其时各当，所以为止也。人心无主则昏，中有定止，自然光明"（《周易浅述》）。此言善矣。

《象辞》只是循着《彖辞》所说的再加概括，艮卦上下卦都为艮，艮为山，因而称"兼山，艮"。"止"这一易理，用以指导君子的思想、行为，就应该思考一个严肃的人生课题，便是"不出其位"。这是说，任何人的一生，充当了多个社会角色，在怎样的社会关系中，便有怎样的所处之位。如对于男性而言,对父母是儿子,上学了是学生或同学,工作了是员工或领导,成家了是丈夫或父亲,等等,一切的生活经历,都有一个"位"(止)的问题。僭越其位,可称为不当其时,一般而言,是不适宜的,甚至是会犯错的。这用《系辞上》的一句话来说,叫做"天下之理得,而成位乎其中矣"。所以说,位对于每个人而言,是很重要的。比方说,一个大学刚毕业走上工作岗位的青年,一到一个全新的单位和环境,就自以为学问很好、才能出众而到处指手画脚、夸夸其谈,恐怕很难避免失败。所以乾卦初九爻辞说"潜龙,勿用",尽管你很可能是一条"龙",可是时机对你不利,还是安于"潜"之位更宜吧。

当然,就一个社会来说,古时候那些被统治者所占的"位",是不合理的社会制度所造成的。社会革命,便是打破、改变这个"位"。

"位"(止)的问题,总是与"时"紧密联系着的。"位"的合理与否,决定于此"位"

所处的"时"即时机、时宜。刻舟求剑所以荒唐可笑，就因为不能审时度势，将既成之位看作永远不变的了，实际是忘记、舍弃了"位"的时机、时宜性，所谓"天不变，道亦不变"。其实，天时即天道是永远在变的。世界一切事物，都是随时间而恒变的，世上只有一样东西是不变的，那便是变本身。

高亨《周易大传今注》说："兼山，两山并立也。本卦是两艮相重"，"两山并立，永不移动其位置"，"故曰'兼山，艮。君子以思不出其位'"。《象辞》要求君子"不出其位"，说明在这个问题上，是持保守之见的，与《彖辞》关于"动静不失其时，其道光明"的思想有别。

渐进正邦

渐之进也，"女归吉"也。进得位，往有功也。进以正，可以正邦也。其位刚得中也。止而巽，动不穷也。

（渐卦䷴《象辞》）

译文：

　　事物的发展，是渐渐进行的，这是渐卦所谓"女子出嫁吉祥"这一卦辞引申出来的意思。渐卦九五正处于渐进得位之时，象征有所作为必获成功。说明以中正之道渐渐进取，可以端正国事，匡肃民心。九五为刚爻居于中位，因而是得中之爻。渐卦下艮为止而上巽为风，象喻依时机而渐进，便不会陷入困穷的境地。

渐卦卦辞"女归吉"这一文辞,本指筮遇此卦,预示女子出嫁吉利,岂料被《象辞》引申为事物渐进之义。归,指女子成年而出嫁,意思是,女子出嫁,是她的人生归宿。这体现了典型的男权家庭伦理。《周易》有归妹卦,归妹即嫁女义。

渐卦艮下巽上,艮为山,巽为木,山上有木之象,象喻山上草木渐渐生长。渐卦以九五为主爻,得位、得中,以中正之道渐渐进取,可以正邦国,肃民心。渐卦下艮为止,上巽为风,一静一动,相互融合,象喻事物发展静以待时而无妄躁。《周易浅述》说:"居德以渐,勤修积累,始乎为士,终乎为圣也。善俗以渐,从容化导,始乎乡邦及乎天下也"。

中国古代文化及政治教化,钟爱渐进之理,不提倡激进。孔子说:"郁郁乎文哉,吾从周。"(《论语·八佾》)不主张激烈的社会变革,实际提倡社会改良,所以如秦国那般激越、严厉的社会政治制度难以为继,终于导致"二世而斩",而北宋王安石变法,由于激进也难免失败。儒家主张治理天下以道德为先,最好温文尔雅,劝善于人心。治理民心,主张通过道德教化育人成人而安定天下,循序渐进,不主骤急。

渐是中国古代一种典型的哲学与美学思想,是一种自然之道,好比中医调养,瓦罐煲汤,又如太极推手,闲庭信步,"随风潜入夜,润物细无声",这里所推崇的,都是渐之道。

然而问题在于,事物的发展变化,总是处于渐变与突变的无尽交互之中,有渐变才有突变,突变之后又是渐变。《易传》是肯定、称颂渐变之道的,这是易理的一个长处,也是一个局限。

天地大义

归妹，天地之大义也。天地不交，而万物不兴。归妹，人之终始也。

（归妹卦䷵《象辞》）

注释：

妹：少女。

大：根本。

译文：

少女嫁人，符合天地相交这一万物始生而阴阳之气调和的天则。假如天阳、地阴不相交合，那么世间万物就不会发生与兴起。归妹卦的引申意义，揭示了人生终始的大道理。

本卦讲"归妹"即少女嫁人、男女成亲之事，认为这是"天地之大义"。中国文化是一种生命文化，对于人的生命的尊重与歌赞，是这一文化的宏大主题。而且从天人合一的哲学观念出发，认为天下一切事物都是具有生命的。所谓天人合一，便是合一于"生"。"生"是一切事物的类本质。《系辞下》有"天地纲缊，万物化醇；男女构精，万物化生"的话，可以与这里《彖辞》解读归妹卦义相对照，以便加深关于"归妹，天地之大义"的理解。

归妹卦为兑下震上的结构。兑为少女，震为长男，是一个象喻长男、少女相感相悦的卦象。东汉易学家虞翻说："乾天坤地，三之四，天地交。"(李鼎祚《周易集解》引)意思是说，归妹卦的六三爻变为九三，同时九四爻变为六四，便是变归妹卦为泰卦(乾下坤上)，乾为天，坤为地，《彖辞》说："天地交，泰。"因而，归妹卦的引申意蕴，是与"天地交"这一"天地之大义"相联系的。假如天地不交，那便是万物不兴了。王肃说："男女交而后人民蕃，天地交然后万物兴，故归妹以及天地交之义也。"(同上)又，归妹的意思是说：归，少女之终；少女嫁人而生育，人之始。所以《彖辞》说："归妹，人之终始也。"

古人云，"男大当婚，女大当嫁"，自然之理也。当今中国，"剩男""剩女"到处可见，导致这一现象的原因，除了当代婚姻和家庭观念的改变，是否还有其他呢，值得深思。

与时消息

天地盈虚，与时消息，而况于人乎？况于鬼神乎？

（丰卦☲☳《彖辞》）

这是《彖辞》对丰卦卦辞的解读和引申。丰卦离下震上，离为火为明，震为雷为动，震动而明丽，"有日出东方光明盛大之势"（陈梦雷《周易浅述》）。《彖辞》说，"日中则昃，月盈则食"，这是自然规律。太阳正当午时又西斜，月亮渐渐满盈而亏损，是必然的，可证一切事物或现象都处于永恒的此消彼长之中，它们是随时间的推进而发生而变化而消亡的，这便是"与时消息"的意思。是的，人是不可胶柱于"时"、泥守于"时"，靠翻老黄历吃老本的，总得有所前进才好。老是回忆过去而不思进取，总是不行的。须知日至中午必有昃西之势，月满之时则转而亏食。人当形势盛大而丰丽的时候，不可忘乎所以，误以为此时美好便永远美好，生当盛年便永远不朽。所谓花无三日红，人不会永远年轻、永远健康、万寿无疆，一切都在消亡兼息长之中，一切都不能久驻。"陋室空堂，当年笏满床；衰草枯杨，曾为歌舞场。蛛丝儿结满雕梁，绿纱今又糊在蓬窗上。说什么脂正浓、粉正香，如何两鬓又成霜？……金满箱，银满箱，展眼乞丐人皆谤。正叹他人命不长，那知自己归来丧！"（《红楼梦·好了歌注》）此乃真言妙语。

关于"而况于人乎？况于鬼神乎"一句，是说下卦离六二爻变而使离卦变为乾卦，象人；上卦震九四爻变而使震卦变为坤卦，象鬼神。虞翻云："乾为神人，坤为鬼。鬼神与人亦随时消息，谓'人谋鬼谋，百姓与能'，'与时消息'。"（李鼎祚《周易集解》引）

总之，正如苏东坡所言，"丰者，极盛之时也"，"既盈而亏，天地鬼神之所不免也，而圣人何以处此？曰：丰者，至足之辞也。足则余，余则溢。圣人处之以不足"，"故圣人无丰，丰非圣人之事也"。（《苏氏易传》）处世为人，必须不以丰大之时而自满，圣人清醒地懂得这一点，所以说，"丰非圣人之事"。

顺天应人

兑,说也。刚中而柔外,说以利贞。是以顺乎天而应乎人。说以先民,民忘其劳。说以犯难,民忘其死。说之大,民劝矣哉!

(兑卦☱《彖辞》)

注释:

兑、说:yuè,喜悦的意思。

译文:

兑的意思是愉悦。兑卦的九五、九二以刚健之性居于中位,以上六的阴柔品格和悦于外,象示内在刚强而外表柔顺,刚柔相济,造就了物情愉悦兼以守持正固的境界。所以,真正的愉悦是遵循天时、天则又应合人性、仁德。圣贤以和悦处世、治世,身先万民,不计劳苦,遂使百姓忘却其劳困。遭遇艰难困苦时,能够以乐观态度治理天下而救治民瘼,平民百姓也就将死亡之灾抛在脑后。和悦,是根本的人生境界,可以由此劝勉天下百姓。

这是《彖辞》对兑卦卦辞的解读。这里关键的一句，是"兑，说也"。《说卦》说："说万物者，莫说乎泽。"兑为泽，因而《周易正义》云："以兑是象泽之卦，故以兑为名。"兑卦结构为兑下兑上。所谓"刚中"，指九五、九二以阳刚之爻居于中位；"柔外"，指上六阴柔之爻。全卦六爻，以六三、上六两爻为"说"之"主"，四个阳爻都为阴柔之爻所"说"。六三为下卦兑之主，以柔爻居于刚位，动而"和阳"之"说"也；上六为上卦兑之主，以柔爻居于柔位，静而"和阳"之"说"耳。这一卦符关系，正如此卦初九爻辞所云"和兑"，内在地蕴含关于"说"这一易理，是一种由"和"而生成的喜悦。

"和兑"有多种。一是自然界万物存有与运化的和谐。万物的存在与运动，是一种在永恒运动中所达成的平衡。无比复繁而深刻处于运动之中的自然生态，以及动植物之间相生相克的食物链，等等，便是自然界的和谐。二是人文与自然的和谐。人类与自然的关系有三种：其一，将自然奉为神明,拜倒在神化的自然之前;其二,统治、奴役自然,相信无条件的"人定胜天",导致人破坏自然环境,从而遭到自然严厉的报复甚而毁灭;其三,将自然看作"朋友",两者是平等的关系,在人按照自然规律改造自然的同时,又回归于自然,这便是这里《象辞》所说的,"是以顺乎天而应乎人"。

这第三种人类与自然的大和谐,是一种柔兑不失于内在的刚正、刚正不失于外在的柔兑的刚柔相济的境界。王弼指出:"说而违刚则谄,刚而违说则暴。刚中而柔外,所以'说以利贞'也。"(《周易注》)说得真好。"和兑"的境界,便是天具刚德而有柔质前来相济,柔质过柔则有刚德相与应和,便成就了上应天德、下和民心的和谐之境。

与时行也

小过，小者过而亨也。过以利贞，与时行也。

（小过卦䷽《象辞》）

译文：

　　小过卦的喻义，是说人遭遇形势、处境对自己稍有不利时，谨思慎行而必致亨通、顺利。面对稍为不利的遭遇、处境而能谨慎从事，便是与时间、时机一同前行。

166　　周易百句

小过卦艮下震上,艮为山而震为雷,山上有雷之象。整个卦象,上下四阴"夹持"二阳,阴多阳少,六二爻居于中位而得正,六五居于中位却不得正,所以称为"小过"。朱熹《周易本义》指出:"小,谓阴也。为卦四阴在外,二阳在内,阴多于阳。小者,过也。"然而,九四应初六、九三应上六,意蕴亨通,正如荀爽所云:"阴称'小',谓四(九四)应初(初六),过二(六二)而去,三(九三)应上(上六),过五(六五)而去,五处中,见过不见应,故曰'小者过而亨也'。"(李鼎祚《周易集解》引)从卦象可见,处境、遭遇有"过"即稍有些不利,但是九四应初六、九三应上六,因此占验的结果,还是吉利的,此之谓"过以利贞"。

古人筮遇此卦,开始时,内心不免有些忐忑、紧张,后来细细思量,觉得虽然依卦象所示,形势、处境对自己似乎有点儿不妙,然而毕竟还有卦象亨通的一面。因而告诫自己,必须如乾卦九三爻辞所言"君子终日乾乾,夕惕若,厉无咎"那样,谨思慎行，而且"可小事，不可大事"（小过卦卦辞），即做事不能贪大求全，须量力而行，不可盲目冒进。比方说做产业投资吧，先少量投入，看看形势如何，再决定是否大量投入，这叫做"与时行也"。选择对自己有利的时机，才得确保顺利、平安，当形势、处境有些欠佳的时候，须谨慎从事，冷静处之，从而把握大势。孔颖达说，小过卦义告诫我们，"此就六二、六五以柔居中，九四失位不中，九三得位不中，释'可小事，不可大事'之义。柔顺之人，惟能行小事，柔而得中，是行小中时，故曰'小事吉'也。刚健之人，乃能行大事，失位不中，是行大不中时，故曰'不可大事'也"（《周易正义》）。总之，一个人、一个团体，无论在什么情况下，做小事、做大事还是不可做事，须循时而定，这也便是"与时行也"。

刚柔正而位当

"既济,亨",小者亨也。"利贞",刚柔正而位当也。"初吉",柔得中也。终止则乱,其道穷也。

(既济卦䷾《彖辞》)

译文:

　　既济卦离下而坎上,离为火,坎为水,水火相济,象喻亨通之道,这是一种稍微有所亨通,有利于守持正固的局面。全卦六爻的每一爻,都是得位的爻,阳刚、阴柔相互谐调,象喻人生正途,在于各得其时。为人处世之初,一开始就很吉利,这是六二爻以阴爻居于中正时位的缘故,象喻守中而无有偏私。而做事终了,可能导致乱象丛生,是内卦象征离明而外卦象征坎险的缘故。

这是《象辞》对既济卦卦义的解读。既济卦离下坎上,离为火,坎为水,水火相济,所以古人以为,筮遇此卦,命运吉利而亨通。既济卦的每一爻,都是得位之爻,这在《周易》全部六十四卦中是独一无二的。六爻皆当位,无有不济,所以称为"既济"。既济,是大功告成的意思。所谓"小者亨也",是说"既济者,以皆济为义者也。小者不遗,乃为皆济,故举'小者'以明'既济'也"(王弼《周易注》)。既济,是所有都已经完成、完善的意思。这里所说的"小者",指那些鸡毛蒜皮的小事。连小事都已"成济"而没有遗留,更不用说大事了。

既济卦所表达的为什么这么完美呢?是该卦所有的爻符都"刚柔正而位当"的缘故。王弼《周易注》说:"刚柔正而位当,则邪不可以行矣,故唯正乃'利贞'也。"所谓"柔得中",指六二这一柔爻得位、得中,初九为得位之爻,所以象征"初吉"。解读此卦时还须知道,既济与未济二卦,构成错综卦关系。陈梦雷说:"既济,事之既成也,水火相交各得其用,六爻相应各得其正,故为既济。""既济之终,未济之始,犹日中则昃之意,故亨亦小也。六爻皆正,所以利于贞也。既济,故初吉,终为未济,故乱,此虽圣人警戒之辞,亦理数之自然。又内卦离明,外卦坎险,亦初吉终乱之象也。""然天下治乱相乘,终极必变。终以优柔自处,则有止心,止而不挽救,乱之所由生也。"(《周易浅述》)这是说,筮遇既济,倘然误以为大功告成,可以高枕无忧,则"乱""穷"必至矣。

物不可穷

　　"未济，亨"，柔得中也。"小狐汔济"，未出中也。"濡其尾，无攸利"，不续终也。虽不当位，刚柔应也。

（未济卦䷿《象辞》）

注释：

　　汔：qì，几乎、接近。

译文：

　　人只有懂得"物不可穷也"的道理，人生才会亨通，这是由未济卦柔爻六五的得中所象喻的。小狐渡水濡尾的未济之爻象的体现，便是虽然九二居于中位，却陷于坎险之中。所谓小狐濡湿它的尾巴，筮的结果不吉利的喻义，指九二不能出险，以初六阴柔力量的微弱，而不能持续到终点。虽然全卦六爻都是不得位的，然而刚爻和柔爻又都是相应的。

这是《周易》六十四卦的最后一卦，与既济卦构成错综卦关系。《序卦》所谓"物不可穷也"的意思，是说任何事物的发展没有终了的时候，这在未济卦体现得很深刻。既济全卦大要，在于阐明事物既成之时，处世为人应当取何种正确的理念与态度。一件事情做得成功，确实是生机极盛、功德圆满的时候，然而必然隐伏着新的危机，人们应当清醒地认识既与未、生与危互转的道理。就此而言，"既济"便是"未济"。事物的发展，确实永远没有终了之时。守成的时候，应当始终守正而戒除骄慢之心，清醒地认知"胜利者最危险"这一人生真理，认识到"高枕无忧"的危险，即使正在似乎可以"高枕"的时候，也应"有忧"才是。未济卦的喻义，就在于此。

未济卦全卦六爻，没有一个爻符是得位的，恰与既济卦六爻全部得位相反，此为六十四卦所仅见，并且与"小狐汔济，濡其尾，无攸利"这一卦辞相配，凸显了这一"未济"的易理：唯有认识到既济之后必须戒骄祛慢、不以成功为执而继续开拓前行，才能赢得事业与人生的亨通，否则就像小狐狸渡河濡湿了尾巴，不能顺利到达彼岸那样不吉利。《程氏易传》："狐能度（渡）水，濡尾则不能济。"说得有理。

从未济卦象看，此卦上离为火，下坎为水，火炎上而水下泄，为水火不交之象。《象辞》所以说："火在水上，未济。"象喻未济之理。然而，《象辞》却说"未济，亨"，又是什么意思呢？人处在未济的时候，本无所谓亨或不亨，唯有懂得既济即未济、敬慎于未济之理，才得亨通而吉利。《周易折中》说："（未济）是戒人敬慎之意，自始济以至于将济，不可一息而忘敬慎也。"人处未济时之所以为"亨"，是可以从卦象见出的：未济卦六五爻，为柔爻居于上卦中位，这便是《彖辞》所说的"柔得中"。《周易正义》说："此就六五以柔居中下应九二释未济，所以得亨。"《彖辞》所言"'小狐汔济'，未出中也"的"中"，指九二。未济卦初六居于全卦最下方，象小狐之尾濡湿而渡水难成，所以说"'濡其尾，无攸利'，不续终也"。陈梦雷说："'未出中'，指二也，九二在坎险之中，未能出也。'不续终'，指初也，初在下为尾。二所以不能出险，以初阴柔力微，故首济而尾不济，不能续其后也。"（《周易浅述》）此言有理。《彖辞》又说"虽不当位，刚柔应也"，是指全卦六个爻符，没有一个是当位的，然则九二据初六、九四据六三、上九据六五，而且九二应六五，因而未济卦辞说，"未济，亨"。《周易正义》所以说，未济卦"以其不当其位，故即时未济"，而其"刚柔皆应，是得相拯，是有可济之理，故称'未济'，不言'不济'也"。

古人将未济卦排列在既济卦之后，作为六十四卦序的终了，可谓"用心良苦"。正如古人所言，这是象喻"物不可穷也"的意思，说明世间一切事物，都是不可能彻底完成的。人类总是处在不断的追求之中，人生理想在前，犹如大海航行的耀眼灯塔,指引人类生生不息、奋励不已。但凡是可能实现的理想,都是相对完美而非绝对完美的。理想与实现之间,须有一个张力的平衡,这存在于理想的高度和人的实际能力之间。理想愈是丰满、人的能力愈小,则理想的实现便愈是不可能。反之,便有实现的可能。这里,《周易》所说的"未济"的意义,在于让人清醒地认识到,世间一切事物,都是未完成而且有所欠缺的。理想也好,人的能力也罢,都是如此。这也便是"物不可穷也"的训诫意义。

天尊地卑

天尊地卑，乾坤定矣。卑高以陈，贵贱
位矣。

（《易传·系辞上》）

译文：

上天的地位高显，下地的品格卑微，乾天坤地所象喻的人的社会地位、道德秩序
因而确立。天高地下作为自然秩序并非人为，人的地位高贵或者低贱，是天经地
义的。

这是《易传·系辞上》的第一句名言。它从天地的尊卑说到人类社会的贵贱，以天的高上与地的卑下，来证明人的地位贵贱的所谓合理性。《系辞上》的作者认为，人的社会地位的尊贵还是低贱，并非人为造成，而是天经地义、天生如此的，人不必也不能通过社会革命来加以改变，这便是中国文化中的"礼"。"夫礼者，所以定亲疏，决嫌疑，别同异，明是非也。"（《礼记·曲礼上》）礼本身就建立在人类不平等的观念基础之上，是人类社会、人伦关系不平等的体现，一旦存礼、践礼，便是承认种种礼的合理性与合法性。

礼诞生于原始文化中神与人之间的不平等，先民祭拜神灵，便是神灵与人不平等关系的一个明证。后来衍伸到人与人之间的关系。但看动物世界里，猴山有猴王，狮群有狮王，这些"王"与一般的猴子、狮子在群体中的地位，正如天的尊显与地的卑下那样，不可同日而语。在人类社会中，无论是原始社会抑或其他什么社会，绝对的所谓平等,从来没有出现过,而不平等倒是绝对的。

《系辞上》这里所说的,也是这一"真理",具有保守而残酷的观念特质。然而这种不平等,难道真的是合理的吗?

当然并不尽然。天尊地卑即天在上、地在下,作为一种自然形态的存在,确实不可改易,然而,人类自古就有追求社会平等与社会大同的理想。《礼记·礼运》记孔子之言有云:"大道之行也,天下为公。"这一社会理想,诚然不同于平等思想,却与平等思想的追求相联系。意思是说,但等大道实行的时候,天下便是所有民众共有的。问题是,什么是孔子所说的是"大道"。从孔子所说的"郁郁乎文哉,吾从周"(《论语·八佾》)、"克己复礼为仁"(《论语·颜渊》)看,所谓"大道",便是仁道,即将礼制的强迫,改造为人的内在的自觉需求。人人祛除私欲、一心为公,想来社会也就渐渐地趋向于平等了吧?"人不独亲其亲,不独子其子,使老有所终,壮有所用,幼有所长,矜寡孤独废疾者,皆有所养;男有分,女有归。""是故谋闭而不兴,盗窃乱贼而不作,故外户而不闭,是谓大同。"(《礼记·礼运》)大同这一社会理想,包含了对于平等的追求。

在古希腊,亚里士多德的《政治学》将人看作"政治的动物",认为人类生来就天然不平等,一些人为受奴役而生,另一些人则为统治他人而生。这种说法,与《系辞上》所说的"天尊地卑,乾坤定矣。卑高以陈,贵贱位矣"异曲同工,都强调人与人的不平等是天生的。18世纪欧洲启蒙思想家卢梭曾经说过:"我们不是要摧毁自然的不平等,因为这种生理上的不平等是自然界在人们之间竖立起来的。反而是用道德上和法律上的平等取代了人们之间身体上的不平等。"(《社会契约论》)法国的《人权宣言》说:"人人生而平等。"意思是说,人人生下时,无所谓尊卑、贵贱。欧西基督教教义宣说"上帝面前人人平等",然而,上帝与人之间却是不平等的。

方以类聚，物以群分

　　　　动静有常，刚柔断矣。方以类聚，物以群分，吉凶生矣。在天成象，在地成形，变化见矣。

（《易传·系辞上》）

译文：

　　一切事物现象的发展变化，有动有静，动静结合，是有规律、常则的，这就可以由此断定什么是动态，什么是静态了。天下各类事物现象，是由"道"加以概括的，事物现象的存在方式，又是分为无数群体的，在同、异的联系中，人们由此占断命运的吉凶。离人远的苍穹成为人们心目中的"象"，就在脚下的大地便是可见的形体、形态，事物现象的变化之道由此显现。

这一段话,承前文"天尊地卑,乾坤定矣。卑高以陈,贵贱位矣"而来,也是《系辞上》开头很重要的一段文字。我们知道,天地由阴阳、形气所构成。天地即乾坤,由《周易》中纯阳的乾卦和纯阴的坤卦所象喻。所谓天尊地卑,是阴阳本有的自然尊卑之象,由此决定了天下人间各色人等的高贵或是低贱。而一切事物的发展、变化有动有静,而且是有规律、常则的,由此决定了一切事物的阳刚之性与阴柔之性。

《周易》六十四卦序,之所以始于乾卦,继以坤卦,是因为在卦序排列者的心目中,有一种属于先秦儒家严肃而严格的圣学思想,且从天学、哲学的高度,为这一思想、秩序的合理性寻找依据。从方法论上看,它在将世界、天下看作有机整体的同时,强调它的二分属性。天地、乾坤、动静,等等,都是一个整体中的二维而相异相分、相辅相成。"首乾终坤,尊阳卑阴,非圣人之私意,乃画卦自然之象,实造化自然之位也。"(陈梦雷《周易浅述》)认为凡此一切,并非圣人妄为(妄为者,绝非圣人也),而是由天命所定、自然而然。这一天命自然据说源自卦爻,这是因为在古人看来,《周易》的卦爻符号创自上古的"上上圣人"伏羲,朱熹说此乃"天地自然之易"。伏羲者,所谓"继天而生",是一位"先天之子",因而,由这一"太易"所决定的人间一切伦理道德秩序,也是先天而定的。

明白了这一点,我们才能知道,《易传》所说的"简易、变易、不易"，在强调"简易、不易"哲学的同时，一定程度上，是更为强调"不易"的。什么是"不易"？有一种解说是"变本身是永恒不变的"，这是指《周易》关于"变"的哲学的绝对性。而从儒家政治、伦理哲学的角度看，便如西汉公羊学大儒董仲舒概括的一句名言："天不变，道亦不变。"（《举贤良对策》）陈梦雷说："盖卦爻未起之先，观天尊地卑而易之乾坤已定，观卑高之陈而易中卦爻之贵贱已位，余皆仿此，所谓画前之易也。"（《周易浅述》）这是将《周易》卦爻符号看作"天地自然之易"本身，认为这样"神通广大"的"易"，便是天地、乾坤、贵贱、动静与刚柔等的本根。而这一本根所在，便是伏羲，并且坚信伏羲是中华文化及其一切、包括二分的伦理道德秩序的历史、人文源头。这已经不同于将伏羲的所谓"天地自然之易"仅仅看作"易"的逻辑原点了。历代无数易著都异口同声，相信伏羲确有其人，而今人一般只是坚持说，伏羲仅仅是传自上古的一个"人文共名"。人们突出易卦这一所谓不可替代的"原创性"，不过从神话传说的角度，强调易理及儒家所推重的二维道德秩序的所谓神圣、合理与崇高。

这里，原文为"方以类聚，物以群分"，意思是，天下之道以类相聚，这决定了天下的种种事物，以群相分。坊间所说的成语"物以类聚，人以群分"的出处，便是这里。这里的"方"，指"道"。道作为本原、本体及其发展规律，一定是具有方所、方向的，因而"方以类聚"的"方"，同时具有方所、方向的意义。

关于"方以类聚，物以群分，吉凶生矣"一句，《苏氏易传》的解说是，"方本异也，而以类故聚，此同之生于异也。物群则其势不得不分，此异之生于同也。有成而后有毁，有废而后有兴，是以知吉凶之生于相形也"。从万物的同异角度解读这一句的意义，录此以供参阅。

"象"，是对于天的形容。天离人远远的，人从感官经验出发，便以为是意象。这里的"象"，指意象。"形"，是说人就生活在大地上，离人很近而就在脚下，任何事物的形状，都看得分明，而且可以触摸。所以，远观为"象"而近察为"形"。

原始反终

原始反终，故知死生之说。精气为物，游魂为变，是故知鬼神之情状。

（《易传·系辞上》）

译文：

人的生命，是一个"生—死—生"的大历程，可以由此懂得生、死以及人的肉身由生而死、由死而生的道理。精气是一种永远不死的元物，它在人的生存状态与死亡状态中都是存在的，人的肉体的死亡，便是气的存在方式由聚态变成了散态，这就是所谓游魂，由此，便知道所谓鬼神的情情实实。

这一段文字,是《系辞上》关于中国文化与生命哲学的简要表述。在作者看来,人的生命过程,可以用"原始反终"四个字加以概括。"原始",指生命始于无而生为有。原便是始,指人生命的初始;"反终",指生命经历了整个生的历程,最后归于死亡。然而这仅仅是人的肉身的死亡,而并非生命之气的终了。《庄子·知北游》说:"人之生,气之聚也。聚则为生,散则为死","故曰'通天下一气耳'"。

这便是说,人的肉体可以有生有死,然而决定生命本身的气,是永远不死的,它一直活着,并且发挥它那永恒的功能与作用。读者理解了这关键的一点,就可以理解什么是"原始反终"的意思了。在中华古人看来,生命是"生—死—生"的一个个阶段的连续而至于无穷,便是气永远不死的缘故。所谓人的死,仅仅是肉体的死,而不是气本身的死亡。也便是说,人的死,只是死去了人的肉身,即从生命之气的那种聚态,变成了生命的散态。就此而言,我们可以说,中国人的生命观,是在于永生的。人的肉体死亡,只是改变了气的存在方式,而气本身,是无所谓死亡的。因而,在永恒的生的历程中,人所谓的死,仅仅是一种两次生之间的暂态。我们可以看到,在鲁迅的小说《阿Q正传》里,当阿Q临刑前,他在精神上还是坚信,"过了二十年又是一个",阿Q无师自通,哪里知道生命之气的聚与散究竟是怎么回事,然而在他的灵魂里,确实坚信自己二十年后还可以"活"回来,这就叫做"原始反终"。

生命的这个气,也称精气,它是一种永远不朽的物,或者可以称为元物。它有两种存在方式,一个为聚,一个是散。精气的存在,只在聚散之际。聚者,生命肉体活着的状态;散者,生命肉体死去的状态。生命肉体一旦死亡,生命之气,便弥散于乌有之乡,变成游魂野鬼,这便是这里说的"游魂为变"。所谓变,肉体变生为死之谓。知道了这一点,也就知道所谓"鬼神情状"是什么意思了。

在古代，关于人生命的生与死的观念，显然是富于迷信的。所以古人对待鬼魂，总是殷勤的，不敢怠慢，唯恐稍有不慎，便得罪了鬼神。《葬书·内篇》说："盖生者，气之聚。"这也等于说，盖死者，气之散。这种思想，实际来自《易传》的这句话和《庄子》有关气之聚散的思想。正因如此，中国古代风水学就大讲"葬术"，利用人改造环境即建筑的手段与方式，在观念上，千方百计企图将人死后已经散了的气再聚在一起。在活人的住宅环境里，建造庭院即天井这一空间，为的是"聚气"。在陵墓的建造中，也以"聚气"为要。《葬书·内篇》给"风水"下了一个定义，叫做"气乘风则散，界水则止。古人聚之使不散，行之使有止，故谓之风水"，从而追求"如封似闭"的环境的建构。而宅舍的庭院，聚气之所在也。庭不在大，而在乎灵，灵不灵，就凭这一口"气"。这也是中国古代将生命哲学与建筑美学融合为一的一个例证。

乐天知命

与天地相似，故不违。知周乎万物而道济天下，故不过。旁行而不流，乐天知命，故不忧。安土敦乎仁，故能爱。

（《易传·系辞上》）

译文：

易理与天地之道相类似，所以认知、把握易理的圣人，不违背天地法则。智、仁兼得，洞见万物的道理，全都了然于心，遵循易理而匡济天下，所以为人处世没有过错。普天下推行大道，而不流淫偏失，乐观地把握天命，懂得命运的安排，所以无所忧患。安享现世的生活，笃实地施行仁义，所以能够普爱这个世界与民众。

《系辞上》这一段的上文,有"易与天地准,故能弥纶天地之道"一句,指《周易》一书所说的易理,是穷尽天地之理的。此段在坚信易理弥纶天地的前提下,继续加以阐析、发挥。

其一,关于"与天地相似,故不违",是说易理即圣人之道,本与天地之理相类,所以为人处世,不违背天地的自然法则。东坡先生说:"天地与人(圣人)一理也,而人(凡夫)常不能与天地相似者,物有以蔽之也。变化乱之,祸福劫之,所不可知者惑之。变化莫大于幽明,祸福莫烈于死生,所不可知者,莫深于鬼神。知此三者,则其他莫能蔽之矣。苟无蔽,则人固与天地相似也。"此言善矣。

其二,关于"知周乎万物而道济天下,故不过",是说天地大道,为"知"(智)与"仁"。知周万物者,知天矣;道济天下者,仁被世间也。此以知、仁分天地,则有动静、清浊、虚实。知,所知晓的是天道的动、清与虚;仁,为地道的静、浊、实。前者属天,后者属地;前者智,后者仁。圣人能知、能仁,周乎天地而无有偏失,所以称"不过"。

其三,关于"旁行而不流,乐天知命,故不忧",是说圣人知、仁兼备,其德性磅礴于天下,其权能通行于天下,立身处世以天下为公,以中正为是,因而所言所行从不流淫。"旁",《说文》释为"溥",这里可引申为广大而磅礴,有周遍之义。圣人智、仁兼得,全备于天下,所以知天、知命而快乐,没有忧愁。"乐天知命",便是美学中"乐感"一说真正的出典之处。

其四,关于"安土敦乎仁,故能爱",是说圣人遵循于天命,以仁德普安天下,安身立命,能够施行仁政而广泛地爱抚天下民众。中华文化具有强烈而一贯的崇天、恋土情结。就恋土而言,以现世、此岸的生活为快乐幸福。所谓"安土",安于土义;"敦乎仁",指忠挚实在地实践"仁"的原则。《论语·学而》云:"泛爱众,而亲仁。"朱熹说:"'安土'者,随遇而安也;'敦乎仁'者,不失其天地生物之心也。'安土'而'敦乎仁',则无适而非仁矣,所以能爱也。"(《答何叔京》)

中华文化及其哲学、美学思想,大致可以一个"乐"字来加以概括,以"乐天知命"为其根本。正如前述,中国人将人的整个生命,看作一个由生到死,再由死到生的大历程。这里的死,仅仅是一个暂态,终究是生的战胜、生的永恒。这是因为中国人坚信,人类个体的肉身不免死亡,而子子孙孙无有穷尽,血缘群体永远不死;人的个体死亡,并非生命的死灭,决定生命发生、发展而延续的气,是永远不死的。由此,构建了一种东方式的乐观主义生命观。古时候的士大夫崇尚人生的"三不朽",主要是崇尚仁道精神的永垂不朽,这一精神,实际由气论转嬗、提升而来。儒家倡言"舍生取义""杀身成仁",等等,都建立在"乐天知命,故不忧"的坚定信念之上。文天祥的绝命诗有云"人生自古谁无死,留取丹心照汗青",也是基于这一坚定信念,坚信人的肉体可以凋亡,但人的精神不朽。

"乐天知命",是说人生来就是快乐的,这个快乐是先天的,后天又能通过有关易理的把握,洞见人自身的命运,便是乐上加乐,没有忧虑。陈梦雷说,"盖所乐者天理之正,无一念之杂,又知天命之有定,不以利害、祸福、夭寿贰其心,所以能不忧也","随处皆安,无不息之不仁,私欲尽净,天理充满,愈加敦厚,不忘其济物之心,所以能爱也。如是则其仁益笃,似乎地矣,此圣人体易以尽性之事,而上下与天地同流者也"(《周易浅述》)。

一阴一阳之谓道

范围天地之化而不过,曲成万物而不遗,通乎昼夜之道而知,故神无方而易无体。一阴一阳之谓道。继之者善也,成之者性也。

(《易传·系辞上》)

译文:

　　易道广大而深邃,它涵括、规范天地万物的恒变规律而从不僭越和偏失;它曲折、细致、周密、完备地成就万物,完美得连细枝末节都从不遗漏;令人足以会通阴阳、幽明、死生与一切时空的大道而周知万物。所以说,易道神妙、神奇的阴阳变化,没有方所与方向,它的存有与运化不具有形体。易道作为本原本体,其阴阳的内在矛盾,互应而恒变,对立而统一。圣人循道,善于承继而成就仁义至上的德性。

《系辞上》这一段话的意思,是说易道广大而深邃,它的道理具有普遍于一切的性质,从本原本体,到事物现象的细枝末节,是无有遗漏的,这也便是前文所说的易道"周遍万物"。无论时间还是空间,易道都是一种普遍的存在。所以说,正如神灵没有方所一般,易道没有什么形体可言而神秘莫测。易道以气为其内在机制,气的内在矛盾运动,以既一分为二又合二而一,既相对立又相调和的方式,推动一切事物或现象的发生、发展与消亡。易道循此规律而行,以化育万物、成就万物的本性而善。

"曲成万物",指易道成就万物曲折多变而丰富多彩。《周易集解》引侯果有云:"言阴阳二气,委曲成物,不遗微细也。"可从。

"通乎昼夜之道而知",指易道周遍、洞悉于一切时空。《周易集解》引荀爽:"昼者谓乾,夜者坤也。通于乾坤之道,无所不知矣。"《苏氏易传》说:"昼夜相反而能通之,则不为变化之所乱,可以知矣。"

"故神无方而易无体"的"易",指易道、易理而无疑。易者至简,而变易万端;化育无穷,而神秘莫测。所以说,易理有如神灵那般不知其所在,也不知它朝什么方向发展。《周易集解》引干宝:"否泰盈虚者,神也;变而周流者,易也。言神之鼓万物无常方,易之应变化无定体也。"这里,"否泰盈虚"指否卦变泰卦,泰卦变否卦,盈极而虚,虚极而盈。这种万物化变的常则,是古人所无法理解的,所以古人将其称为"无方""无体"。在这个问题上,《苏氏易传》的解读或可作参阅:"阴阳果何物哉?""阴阳交然后生物,物生然后有象,象立而阴阳隐矣。凡可见者皆物也,非阴阳也。然谓阴阳为无有,可乎?虽至愚知其不然也。"又说:"圣人知'道'之难言也,故借阴阳以言之,曰'一阴一阳之谓道'。"

"一阴一阳之谓道",可以说是《周易》

哲学的第一命题。《周易》所揭示的"阴阳恒变"即"变易、简易、不易"的原理,实际也是历史唯物主义、唯物辩证法的重要法则。

见仁见智

仁者见之谓之仁，知者见之谓之知，百姓日用而不知，故君子之道鲜矣。

（《易传·系辞上》）

注释：

知：智的本字。

译文：

仁者发现易道是一种"仁"，智者发现易道是一种"智"，百姓日常所运用的便是这样的易道，却对此一无所知，因而君子所遵循的易道便很少有人懂得了。

这是成语"见仁见智"的出处。意思是说，世界、万物的道理，是无限复繁、深刻而多变的，其意义、意蕴无穷无尽，是认知、实践不完的，可以称之为"知难行难"。生活中的每一个人，生活经历、遭遇、学养与追求等不同，必然导致面对同一对象的时候，会出现不尽相同甚而相反的思想、观点与看法，可以称之为"仁者见仁，智者见智"。这一点儿也不值得惊讶，除了继续追求事物、事情的真相和究竟外，尤其是当事者，应当有此雅量，允许甚至鼓励不同思想、观点和看法的存在和争辩。所谓言论自由，便是承认、允许这种自由的合法性，这在科学、学术问题上，首先应当遵行。

就《系辞上》的这一句话而言，仁者知善恶，智者见是非，可以并行不悖，好比两个车轮，载着道德、思想之"车"向前行驶。仁者出于恻隐之心而博爱，智者见于是非而推究，都是值得推重的。当然，古代的仁者、智者，是不包括天下大多数人即百姓在内的,在《系辞上》的作者看来,那些引车卖浆者流,虽然与仁、智之人同具孟子所说的善性(人性本善),但其气禀因地位、职业与修养的不同,尤其为种种物欲所蔽,即使都走在向往仁、智的道路上,都在"日用"之中,却不知道仁与智究竟是什么,所以这一"君子之道",能够真正知道而且践行的,就很少了。这是《系辞上》的作者站在贵族的立场而说的有所偏颇的话。

从阴阳之道看,古人以仁为阳,智为阴;践善为阳,成性为阴。所以《论语·雍也》记孔子的话说:"知者乐水,仁者乐山;知者动,仁者静;知者乐,仁者寿。"大意是,智者看见水流而高兴而领悟,仁者观赏山岳的崇高和岿然;智者的德性是随物而宛转的,仁者的德性以静持为上;智者快乐,而仁者长寿。这当然可以说是"见仁见智"。程颐《经说·易说》说,仁、智之道,"在众人(百姓)则不能识,随其所知,故仁者谓之仁,知者谓之知,百姓则由之而不知。

故君子之道,人鲜克知也"。这颇有些孔子所说"民可使由之,不可使知之"(《论语·泰伯》)的意思了。

生生之谓易

富有之谓大业，日新之谓盛德。生生之
谓易。

（《易传·系辞上》）

译文：

阴阳互变的矛盾运动遍于一切事物或现象，大而无外，是易理揭示生命本质的
化育之功；时时、处处不断更新，称为生命的宏大性德。生生不息，便是易理的根本。

这是《系辞上》重要而著名的易学与哲学命题之一。从易学角度看,原始易以"趋吉避凶"为易巫文化的所谓功利目的,这一功利目的实际上是难以实现的,却令人意外地孕育、培养了中华先民的原始功利意识与意志。所谓趋吉避凶,主要是趋生避死。由此可见,原始先民对于人的死生、命运何其关切,其生命意识十分强烈而觉悟很早。从哲学角度看,正是原始信文化的神话、图腾与巫术中的原始生命意识,为后来中华有关思想、情感、意志等的生命哲学,提供了先在的历史与人文资源。先秦诸子的学说和社会理想,浸透了生的意识。

梁漱溟先生说:"在儒家思想中,这一个'生'字是最重要的观念。"(《东西文化及其哲学》)苏渊雷先生说:"综观古今中外之思想家,究心于宇宙本体之探讨、万有原理之发见者多矣。有言'有无'者,有言'终始'者,有言'一多'者,有言'同异'者,有言'心物'者,各以己见,钩玄阐秘,顾未有言'生'者,有之,自《周易》始。"(《易学会通》)

这一见解是精辟的。

《周易正义》指出，所谓"生生之谓易"，关键在"生生"二字："生生，不绝之辞。阴阳变转，后生次于前生，是万物恒生，谓之易也。"《周易尚氏学》说："阳极生阴，阴极生阳，转相生，故曰'生生之谓易'。"世间万事万物，哲学上一概都是阴阳二维互对互应、相逆相顺的矛盾体，正是其内在的阴阳矛盾冲突，使得一切事物生生不息，而不得不"生"。《老子》有云："道生一，一生二，二生三，三生万物。"《系辞上》将"生生"即生而又生、不断地生、永恒地生，看作易的本质属性与发展规律，真实地揭示了中华文化、哲学、美学及艺术审美的特质。

二人同心，其利断金

子曰：“君子之道，或出或处，或默或语。二人同心，其利断金。同心之言，其臭如兰。”

（《易传·系辞上》）

注释：

金：铜、铁一类的金属。

臭：xiù，气味。

兰：香草。

"兄弟同心，其利断金"这一常用的成语，它的出处，便是《系辞上》所说的"二人同心，其利断金"。这是孔子发挥同人卦九五爻辞时所说的一句名言。同人卦九五爻辞有"同人，先号咷，而后笑"语，大意是，出门在外的旅行者深感孤独而大声痛哭，后来结识了新朋友、同行者而欢笑快乐。这一爻辞的意义，是与同人九五爻相对应的。胡炳文《周易本义通释》云："同人九五，刚中正而有应于六二，故'先号咷，而后笑'。"同人九五爻，为阳爻居于阳位，是得中、得正的爻符，所以占筮是吉利的。《周易浅述》说，此"言君子之道，始虽岐（歧）而终实无间"，"言始异而终同者，由于迹异而心同也"。孔子的这一发挥是说，两个素不相识的人萍水相逢，两人心意、志向与目的相同，便什么艰难险阻都不在话下，同心同德，好比利斧可以斩断金属。心愿相同、志意投契的言辞，好比幽兰一样芬芳清馥。

　　由"二人同心，其利断金"，变为常用的"兄弟同心，其利断金"，是一种易理的嬗变现象。它原本的意思,在于指陌路相逢的两个人,只要志趣相契、目标一致,也可以共同面对、解决前路上的种种困难而一同前行。然而时移世易,便逐渐由"二人"变成"兄弟"的"同心",显然是"缩水"了。就像本来是"同人于野"(同人卦卦辞),却变成了"同人于宗"(同人卦六二爻辞)。不过,"兄弟同心,其利断金"一说,也蛮好的。俗话说,"兄弟俩好得像穿一条裤子",还有所谓"上阵父子兵",其实,都与"兄弟同心,其利断金"的意思相近。

译文：

孔子说："君子所认知、践行的处世为人之道体现在，或者对外用以治理天下，或者向内进行道德修为；或者保持沉潜静默之心，或者对天下大事与人格修养等发表见解。萍水相逢、素不相识的两个人，只要志同道合，就可以面对、克服艰难险阻，好比锋利的刀刃斩断铜铁。志向一致、情投意合的言辞，好比香草兰花幽香清馥。"

圣人之道

《易》有圣人之道四焉：以言者尚其辞，以动者尚其变，以制器者尚其象，以卜辞者尚其占。

（《易传·系辞上》）

注释：

以：用。

译文：

《周易》一书所说的圣人之道体现在四个方面：用以规范、指导自己的言说时，崇尚《易传》所说的文辞精义；以易道来引领自己的行为时，看重《易传》所传达的万物变化之道；制造器物的时候，推崇《周易》的象数之学；从事卜筮活动时，将《周易》的占筮之术放在首位。

这是《系辞上》关于"圣人之道"的一个独特表述，关系到"尚辞""尚变""尚象"与"尚占"四个方面。

所谓"尚其辞"，便是崇尚《易传》以言辞所传达的儒家道德教训与哲学思想等。虞翻说："'圣人之情见于辞'，系辞焉以尽辞也。"（李鼎祚《周易集解》引）"尚其变"，崇尚"易者，变易、简易、不易"即阴阳恒变的思想。"尚其象"，崇尚"象数相倚"即象不离数、数不离象的象数之学，有如荀爽所言"'结绳为网罟，盖取诸离'，此类是也"（同上）。"尚其占"，崇尚推断命运、察往知来的易筮。

在《系辞上》作者看来，圣人的人格崇高而神圣，他们以易为准的和榜样，德配天地，通晓阴阳，以天下为己任，推行王道政治，而尤为注重人的内心修养。所谓圣人经天纬地，几乎无所不能，是一群深受易道教诲、天赋异禀的人。易道关乎辞、变、象、占，凡此四者，圣人无有欠缺。所以《系辞上》紧接着强调："是以君子将有为也，将有行也……（圣人）无有远近幽深，遂知来物。非天下之至精，其孰能与于此？参伍以变，错综其数。通其变，遂成天地之文。极其数，遂定天下之象。非天下之至变，其孰能与于此？"圣人自觉地认知与践行易道：以易道真理作为自己的言辞准则；遵循易道恒变的思想而规范自己的行为；从易象得到启迪，悟象制器而进行创造；善于龟卜、易筮，推究阴阳，以把握天下、家国与自己的命运。

圣人之道固然有四，但"圣人"最基本与要紧的处世功夫与功课，是卜问、筮占，尔后才由"巫"走向"史"，成为辅助帝王政治的史官。从文化渊源看，圣人的前身，便是远古大巫师。据《史记·五帝本纪》，颛顼"静渊以有谋，疏通而知事；养材以任地，载时以象天，依鬼神以制义，治气以教化，絜诚以祭祀"，此必大巫而无疑了。金景芳先生指出，在上古，"巫不仅婆娑降神，而且天文、历法、医药、卜筮等皆出于巫"（《中国奴隶社会史》），巫师以迷信天神地祇而卜天筮地,以英国人类学家弗雷泽所说的"伪技能"行世,却是人类文化史上,也是中国最早出现的知识分子,他们几乎掌握了当时尚未分化的全部知识。《周易》巫筮文化,作为中华原始信文化的重要一支,在殷周尤为活跃。正因先有巫卜巫筮,尔后才有尚辞、尚变与尚象的思想。《周易本义》所以说,圣人"以蓍问《易》,求其卦爻之辞,而以之发言处事,则《易》受人之命而有以告之","以决其未来之吉凶也"。在圣人之道四要中,当推"尚占"为原始。

这一关于圣人之道的阐析,是从文化之根加以阐说的。

见乃谓之象

见乃谓之象,形乃谓之器。

(《易传·系辞上》)

注释:

见：现。

译文:

事物形器的存有与运变显现在心灵的,称为意象;事物的形体与运动,称为器具。

在中华文化与哲学思想结构中，意象与形器的关系，是重要问题之一。形器作为一种"有"，是就与形器相对的"道"而言的，"道"是一种相对的"无"。因而，《系辞上》有"形而上者谓之道，形而下者谓之器"的说法。那么，在道与器、无与有之际，还有没有其他东西？我的回答是，还有一个"象"。

人文意义的象，指的是心象，即存在于人们心中的象，也便是《系辞上》这里所说的"见乃谓之象"。象是显现于心中的，是看不见、摸不到、抓不住但可以感觉到的，即《系辞上》一开始所说"在天成象，在地成形"的象。天为象，地为形。大地作为形，可触、可感，而天空作为意象，则显现于心。这是因为，人生活在大地之上，而天空高远，人不可触摸，因而古人将大地称为形，天空称为象。实际上，大地作为形也是可以为人所意想的，这便是关于大地的象；天空作为象，也是有形的，比如太阳、云彩与月亮、星星等，所谓天象，便是天空作为一种形在人们心目中的映象。《周易集解》引荀爽云，譬如"日月星辰，光见在天而成象也；万物生长，在地成形，可以为器用者也"。天之象与地之形，是相对而言的，实际无论天空抑或大地，都可以既为形器，又是意象。

从算卦角度看，所谓"见乃谓之象"，是说算卦经过十八变，而算出了爻变，此时算卦者和信筮者的心中，都会刹那闪现吉或凶等判断，其内心的疑惑甚或黑暗、绝望，被一下子照亮。

易有太极

是故易有太极，是生两仪，两仪生四象，四象生八卦，八卦定吉凶，吉凶生大业。

（《易传·系辞上》）

译文：

所以易理的本原本体是太易，太易作为绝对之无，生成了太极；太极生成阴阳天地；阴阳天地生成少阴、少阳、老阴、老阳四象；四象生成八卦；八卦占筮，决定了命运的吉利或者凶险；吉利或者凶险一旦被判定，人的思想、行为就有了明确而正确的方向，可以完成伟大的事业。

这是《系辞上》很重要、很著名的一段话,是关于太极的。如何正确理解它的人文意义与价值,易学界主要有三种看法。

其一,认为是讲《周易》占筮的。朱熹与陈梦雷等都持此解。陈梦雷承朱子之说,称"此圣人作《易》自然之次第。画卦揲蓍,其序皆然"。意思是,五十根蓍草,留下一根象喻太极;分阴分阳,便是两仪即天地;两仪分成少阴、少阳、老阴、老阳,即为四象;四象又分为八卦;通过占筮、得出变爻而定吉凶,一旦占得吉或凶的结果,便可以指导人们成就伟大事业。

其二,认为是讲哲学的。太极为本原本体,太极为一;一生二,为两仪,便是阴阳即天地;阴阳天地生四象即为春夏秋冬(少阳、老阳、少阴、老阴);四象生八卦;八卦定吉凶。认为这是中国最早的哲学生成论。《易纬·乾凿度》说:"《易》始于太极,太极分而为二,故生天地;天地有春夏秋冬之节,故生四时;四时各有阴阳、刚柔之分,故生八卦。八卦成列,天地之道立,雷风水火山泽之象定矣。"然而，这一解读将"八卦生吉凶，吉凶生大业"这一句丢在一边，错以为是一种纯粹的哲学，看来是不全面的。

其三，是我的意见，不妨在此作一简略说明。这段话中的"易"字，是指易理，简称"易"，在《纬书》中称为"太易"。纬书《孝经钩命决》说："天地未分之前，有太易，有太初，有太始，有太素，有太极，是为五运。形象未分，谓之太易；元气始萌，谓之太初；气形之端，谓之太始；形变有质，谓之太素；质形已具，谓之太极。"这里，太易为无气之始，可以看作绝对之无；太初以下四"运"，都是有气有质，只是程度不同，而太极居于"五运"的末尾。可以证明《系辞上》这里所说的"易"（太易），并非指《周易》这部著作，而是从无气到有气及其逻辑性展开的那种绝对之无的存在状态。

从"易有太极，是生两仪"可以证明，这里的太极，可以用"一"加以表述，易则为"○"。这一生成序列，自富于哲学意蕴。然而别忘了，这一句的后面还有"八卦定吉凶"云云的文辞，是不可抹煞的。《系辞上》这一句话的完整意思及其思维品格，并非纯然哲学，而是走在从原始巫性思维向哲学思维转化的过程中。《易纬·乾坤凿度》说："既然物出，始俾太易者也。太易始著，太极成。太极成，乾坤行。"题郑玄注云："太易，天地未分，乾坤不形也。太易，无也。太极，有也。太易从无入有，圣人知太易有理未形，故曰太易。"此言善矣。《苏氏易传》："太极者，有物之先也。夫有物必有上下，有上下必有四方，有四方必有四方之间。四方之间立，而八卦成矣。此必然之势，无使之然者。"此言亦可参阅。

崇　高

是故法象莫大乎天地，变通莫大乎四时，县象著明莫大乎日月，崇高莫大乎富贵，备物致用，立成器以为天下利，莫大乎圣人。

（《易传·系辞上》）

注释：

县：悬的本字。

译文：

所以除了天地之象，没有更为伟大的对象可供圣人效仿；除了春夏秋冬四时，没有更为自然、更为原本的大化流行可以作为圣人处世为人的榜样，从而与时偕行、因时而变；除了日月星辰之象，没有什么比光辉灿烂的高远苍穹更能让圣人的胸怀如此高远、美丽；除了地位尊显而高尚的，没有什么人比圣人更为高贵；除了圣人人格，没有什么更能广备天下之器物为民所用，成就天下功德、以天下为公的了。

这是中华人文典籍中，首次谈到"崇高"的文辞。崇者，嵩也，其本义指河南嵩山的高耸形象。所谓高，先民原本住在自然山洞，尔后住在自己挖掘的地穴之中，没有高的感觉。后来生产力大进，于是有了高出于地面的建筑物，人便一下子深感自己的形象高大了起来。"崇高"成为一个复合词，没有古希腊悲剧那样的任何悲剧性意蕴，却与康德所说的"数的崇高""力的崇高"有相应的一面。

这里所说的崇高，指圣人的人格形象、属性与社会影响。今天我们读到这一段话，往往会将《系辞上》所说的"崇高莫大乎富贵"理解为所谓崇高，且富且贵之谓，富、贵二字，似乎没有一点点哲学、美学意义上的崇高特性。然而古人把崇高看作高显的圣人人格的光辉体现，是对其完美道德人格的肯定与歌颂。

探赜索隐，钩深致远

探赜索隐，钩深致远，以定天下之吉凶，成天下之亹亹者，莫大乎蓍龟。

（《易传·系辞上》）

注释：

赜：zé，事物深奥难见之理。

亹亹：wěi，勤勉。

这是《系辞上》渲染巫性蓍龟"功效"的一段文辞。所谓"探赜索隐，钩深致远"，是说卜筮的神奇功用，在于能够探索事物或现象的本质底蕴，把人们关于幽深而广远的道理揭示出来，这样就能知道天下大事的吉凶了。清代连斗山《周易辨画》说："事之烦者曰赜，几(机)之幽者曰隐，理之难测者曰深，地之难至者曰远。探者讨而出之，索者寻而绎之，钩者曲而取之，致者推而极之。"此之谓也。

译文：

　　探索事物幽隐难现的本质规律，彻底揭示事物深含不露的底蕴真际，是为了由此判定天下大事、小事的吉凶，除了易筮和龟卜，没有其他方式可以探寻天地万类的幽隐与深邃，可以成全人类勤勉不已的心志和伟大事业。

书不尽言，言不尽意

子曰："书不尽言，言不尽意。"然则圣人之意，其不可见乎？子曰："圣人立象以尽意。"

(《易传·系辞上》)

译文：

　　孔子说："书面文辞不能完全表达人的言语，言语不能完全表达人的思想意绪。"然而这样，圣人的思想意绪难道就无法呈现了吗？孔子回答："圣人可以创构卦爻之象，用以完全、彻底地呈现人的思想意绪及其真理。"

这是《系辞上》关于中国语言哲学的重要阐述。言意之辨，作为中国语言哲学的重大命题，起始于今本《老子》。《老子》云："道，可道非常道；名，可名非常名。"大意为，道是可以用言语加以阐述的，然而所言说的，却不是那个本原本体的道；道也可以加以命名，可是那命名的，不是道的常名。《老子》的这一哲学名言是说，任何语言文字，都不能言说哲学之道的真谛。哲学意义的本原本体之道，拒绝言说，说了等于白说。尽管自古以来，关于哲学之道，被阐述、被解读的，何止千言万语，但令人沮丧的是，在语言文字登场的地方，道从来是不"在场"的，道的"缺席"，让无数智者永远地追索不已而无有竟时，却徒劳无功。所以智者所能做的，仅仅是"说不可说"罢了。

《系辞上》这里称引孔子的一段话，是与《老子》不同的。《系辞上》只是说，文字书写，写不尽人心中要说的话，口头言语不能完全表达人内在的思想意绪，可是圣人天赋异禀，可以通过"立象以尽意"。这一语言哲学，在思想、思辨的逻辑上，没有《老子》那样绝对，而且认为，圣人的书写与言语，可以全真性地表达人的一切思想意绪及其真理。

那么在语言哲学上，究竟是"书不尽言，言不尽意"，还是"立象以尽意"？

应当说，无论圣人还是凡夫俗子所运用的语言文字符号，不管口头还是书面的,一概都是不能尽意的,这便是所谓"言不尽意"。

首先,这里所说的言意之辨,都关系到"象"这一问题。大凡象的转换,有一个四维动态结构,即从客观物象,物象的心理储存即心灵虚象,到心灵虚象的语言文字符号的表达,再到这一符号系统的被接受,是一个连续不断的动态系统。这一动态系统,都是相应信息的传递。假设"立象以尽意"这一命题能够成立,则必须满足一个条件,便是这一四维动态系统中的每一环节、因素之间的信息传递,必须绝对传真,即绝对的同构同态对应,否则,便是"立象"不能"尽意"。

可是令人遗憾的是,无论过去、现在还是将来,"立象"能够"尽意"的"奇迹",都不可能发生。

这是因为,任何从客观物象、心灵储存、语言文字符号系统到这一符号系统的接受这一动态四维之间的信息传递,都只能是一种简化同态的关系,无论怎样都做不到同构同态对应而绝对传真,这便是"书不尽言,言不尽意"。

试以李白《望庐山瀑布》为例:"日照香炉生紫烟,遥看瀑布挂前川。飞流直下三千尺,疑是银河落九天。"这只是李白眼见而心悟的庐山瀑布,而且是此时此地的瀑布意象。无数人见到、感受到的庐山瀑布,都是有差异的,不可能绝对雷同,这便是"一千个读者有一千个哈姆雷特"的意思了。可见,语言哲学意义上的"书不尽言,言不尽意",是颠扑不破的真理。

《周易正义》有云:"书所以记言,言有烦碎,或楚夏不同,有言无字,虽欲书录,不可尽竭于其言,故云'书不尽言'也。"又说:"意有深邃委曲,非言可写,是'言不尽意'也。"这是从语言文字发育不成熟、品类不同与人的思想意绪难以表述,来说"书不尽言,言不尽意",录此谨供参阅。

形而上者谓之道

形而上者谓之道,形而下者谓之器,化而裁之谓之变,推而行之谓之通,举而错之天下之民谓之事业。

(《易传·系辞上》)

译文:

存有于形器又升华为哲学的那个"在"(being),称为形上的道;不离于形上之道,为经验所接触、把握的,为形下的器;形上之道、形下之器的相互运化与制约,称为变化;阴阳推荡,刚柔互应,称为会通;将道、器、变、通的易理拿来施行于天下百姓,可以事业有成。

这是"形而上学"一语的出处。"形而上者",指运用哲学思维,从万事万物即形器中抽象而出的那个"存在",它不离于形器,又升华为抽象性的哲学意蕴,它是精神性的。"形而下者",为人的经验所可接触、把握的物质世界及其一切现象。总之,上者为道,下者为器。在道、器之际,实际还有一个,我姑称其为"形而中",象者,形而中者也。

陈梦雷对《系辞上》这一段文辞的"道""器""变""通"等意义,作了如此解读:"卦爻阴阳皆形而下者,其理则道也。道超乎形而非离乎形,故不曰有形、无形,而曰形上、形下也。所变、所通、所指者皆道。"(《周易浅述》)

古希腊哲学家亚里士多德有《形而上学》一书,认为一切事物现象的发生,始于"形而上"的"形式因",指"作为存在的存在"。这一"形而上"者,便是德国哲学家所假设的"纯粹理性",而《易传》这里所说的"形而上者",仅指超于卦爻阴阳之上的易理。

天地之大德曰生

天地之大德曰生，圣人之大宝曰位。何以守位曰仁，何以聚人曰财。理财正辞、禁民为非曰义。

（《易传·系辞下》）

注释：

　　大：太的本字，原本、原始的意思。

　　财：通裁，并非指财物。

　　义：通宜。

译文：

　　天地的根本性德是生命；圣人根本而重要的，是由天命而定的人间伦理秩序。怎样才能守持这一崇高的伦理之位，便是以仁学教化而施行仁政；怎样凝聚天下人心，便是讲究尊卑贵贱，梳理裁定各种等级制度。梳理、裁制有定，名正言顺，禁止百姓为非作歹，不扰乱法制，便是合乎时宜。

《系辞下》这段是说生命是天地阴阳的根本性德。《周易集解》引孔颖达："自此以下,欲明圣人同天地之德,广生万物之意也。言天地之盛德,常生万物而不有生,是其大德也。"圣人生生而自强不息,以天地盛德为榜样,居于天位,推行仁义而守正。正者,生生也。又引崔憬说此"言圣人行易之道,当须法天地之大德,宝万乘之天位,谓以道济天下,为宝而不有位,是其大宝也"。所谓"大宝",指最根本而值得肯定的"御世之位"。陈梦雷说:"作《易》之圣人,以忧世之心发明卦爻之辞……用《易》之圣人,有御世之位而行仁义之道也。天地以生物为心,德之大莫过乎此。圣人有德无位,亦不能相天地而遂人物之生,故以位为大宝,非圣人自宝之。盖天下赖圣人之有位,得蒙其泽,故天下以为宝也。"(《周易浅述》)

这里值得注意的是两点:其一,所谓圣人之"大宝",为天命所系,所以称为"天位"。圣人身居高位,是上天赐予的神圣使命,也是圣人道德生命的逻辑本原,并非圣人自擅,这一伦理文化的守成主义，是"圣人治世"儒家思想的典型表现。儒家赓续自古以来的生命文化传统和生命哲学，建立于原始生殖崇拜的文化基础之上，尊重、发扬人的群体生命，是其第一要义。仁字，从人从二；仁者，首先指二人之间的男女之爱，此《孟子·离娄上》之所以说"仁之实，事亲是也"。而儒家尤为推重的，实际是作为"第一要义"的道德生命，便是由礼转嬗、提升而来的仁。《论语·学而》说："泛爱众，而亲仁。"这里的"亲仁"，是以"泛爱"为前提的，"亲仁"的范围，已经由血缘"事亲"，扩展到整个社会，这便是"四海之内皆兄弟""天下大同"的思想。不过，倘若要实现这一大同的社会理想，还得强调与天命相系、居于天位的圣人治世术，这便是《系辞下》为什么如此推重"天地之大德曰生"的缘故。这个"生"，虽指普天下的众人之"生"，却是具有建立于德性生命前提下的严格位次的。

其二，《易传》所说的"位"，原本是指《周易》算卦不可或缺的爻位。每一卦六爻的爻位不同,占筮或吉或凶的结果大不一样。爻位说规定,如果阳爻居于每卦第五爻位(九五,阳爻居阳位),阴爻居于每卦第二爻位(六二,阴爻居阴位),那么所筮得的结果,总是吉利的。而且,这一原本属于巫筮的人文理念,后来便发展为伦理规范。比方说,乾卦九五的爻辞称"飞龙在天,利见大人",坤卦六二的爻辞为"直方大,不习,无不利",说的都是吉利的话,什么缘故呢? 因为九五、六二爻,都处在上卦、下卦的中位,都是得正、得中的爻,也就是说,是中正之爻。这一中正的巫筮思想,后来就发展为伦理道德意义上的一个关键词,用以表述帝王、母后、圣人与贤者的崇高人格。不过我们还得注意,这里所说的"位",实际指"时"。所谓"爻位",便是"爻时"。《周易》每卦六爻,自下向上,都是指空间存在在时间的大化流行中的位次,是以"位"即空间的方式,来表示时间的运动。《周易》非常强调时间这一易理的要义,所谓"察往知来""时来运转"等,都是指人的命运因时而变;所谓"与时消息""与时偕行"等,都是从命运诉求,而转向以德性生命为圭臬的道德哲学诉求。

仰观俯察

古者包牺氏之王天下也，仰则观象于天，俯则观法于地，观鸟兽之文与地之宜，近取诸身，远取诸物，于是始作八卦，以通神明之德，以类万物之情。

（《易传·系辞下》）

注释：

情：情形、实际。

译文：

古时候伏羲氏治理天下，仰望高远的日月星辰等天象，俯看大地万类的形形色色，观察禽鸟、兽类的灿烂文采和大地上的各种生命，近看自己的身体，远观各类事物的现象，从而获得灵感的启发，于是创始八卦，用来领悟、会通天地万物的阴阳消息，推类万事万物的实际情形。

关于"仰观俯察"这一观察世界的方式，《系辞上》也有相类的说法。其文云："易与天地准，故能弥纶天地之道。仰以观于天文，俯以察于地理，是故知幽明之故。"这一段文字，点出了远古伏羲氏通过仰观俯察而始创八卦的神话传说。"包牺氏"，即伏羲氏，神话传说中的三皇之一。"类"，即类比、归类，类比法是《周易》的基本思维方式。

仰观俯察，是人类一种重要的感性视觉行为。在人类所有的感觉活动中，以视觉为先，尔后才是听觉、味觉、嗅觉与触觉。有一种说法称，人的视觉与听觉所接受的外界信息，可以占所有感觉到的信息的百分之九十。欧西的文字系统重在拼音，可以说始于听觉；中华的文字系统重在象形，可以说始于视觉。《周易》八卦符号的发明，始于象形，尔后才是指意。

易穷则变

易穷则变,变则通,通则久。

(《易传·系辞下》)

译文:

　　所谓易理,是说一切事物与现象都是永恒变化的,而发展到穷极之境,必然走向反面,变化而后通达,通达走向穷极,又导致新的变化,促成一切事物在恒变的历程中永久地发展。

有一个成语,叫做"穷则思变",便源自《系辞下》。不过,它是对《系辞下》"易穷则变"一语的误读与改造。"穷则思变"的意思,是说虽然处于困穷的生活境遇,人穷志不短而奋发有为,总在思考怎样彻底改变自己目前的困境。

"易穷则变"指易理根本,归根结蒂在于一个"变"字。它揭示了这样一个颠扑不破的真理:一切事物或现象,都在永恒的变化历程之中。就《周易》的算卦而言,所谓十八变这一十分繁复的演卦仪程,最终归结为不同变爻或不变爻的出现,才能筮得吉或凶的结果。老阳变少阳,老阴变少阴,或者相反,关键在于变。就卦而言,乾变坤、坤变乾,以及诸如泰否、剥复、损益、既济未济,等等,无一不是在于变的,这就是前述"以动者尚其变""通其变,遂成天下之文""非天下之至变,其孰能与于此"。由此可见,欧西将《周易》一书意译为 *The Book of Changes*,是抓住了易理根本的。易理的所谓变,首先是时间优先的变。在《周易》看来,一切都是时间、过程的变,而且总是未完成的。所以,唐力权《周易与怀德海之间》一书称《周易》哲学是一种"过程哲学",是很有道理的。

万类皆变。这个世界上除了变本身不变以外,没有任何不变的东西。也就是说,变是绝对的。不过,任何事物现象变到极点,便必然走向它自己的反面,这就叫做"物极必反",用《老子》的话来说,称为"反者,道之动"。这里所说的"易穷则变,变则通,通则久",便是这样的哲学表达。"穷则思变"这一成语,却将原本"易穷则变"的"穷"即指事物现象发展的顶点,仅仅理解为境遇的困厄,显然是以形下的生活经验,消解了"易穷则变"的哲学形上意义。《周易集解》引陆绩有云:"阴穷则变为阳,阳穷则变为阴,天之道也。"陈梦雷进而说:"阳变阴不至于亢,阴变阳不至于伏,通也;阴阳循环无端,久也。"(《周易浅述》)这里有一个问题值得注意,"易穷则变"的"易"字,指易理、易道,不是指《周易》这本书。

垂衣裳而天下治

　　黄帝、尧、舜垂衣裳而天下治，盖取诸乾、坤。

（《易传·系辞下》）

注释：

　　衣裳：中国古代服饰形制，上为衣，下为裳，上衣深长在外，称为深衣。衣、裳有上、下与内、外之分。

译文：

　　黄帝、尧、舜穿着长长的衣裳垂示天下，从而达到天下大治，他们的灵感，大概来自乾卦、坤卦。

这是《系辞下》关于黄帝、尧、舜垂范服饰的很有意思的一句名言。服饰或者称之为衣裳，是中华文明的一个重要标识，否则，说到"衣食住行"时，我们为什么要将"衣"放在第一呢？动物是有"食住行"的，而"衣"，则是人类与动物的一个显著区别。

原始人类最初是赤身露体的，似乎既不怕冷，也没有什么羞耻感，后来才渐渐穿上了衣服，这是人类文明的一大进步。人从不穿衣到穿衣，造成了两大文化成果。一个是人从原先的似乎不感到寒冷，变成地球上唯一一种"怕冷的动物"。"怕冷"，是真正属人的文化、历史的"感觉"。人原本并非怕冷而穿上衣服，而是穿上了衣服才怕冷。另一个是，人用衣服把自己的肉体尤其性器遮掩起来，塑造了对于异性的吸引力，这是一种"欲盖弥彰"的文化现象。当原始初民一丝不挂在荒原上生活、生产时，关于异性，彼此反而熟视无睹，因此可以说，是穿着这一行为，培养了人的羞耻感和性的吸引力，使得人类从此真正脱离了动物界，而让人自己，变得更为"人"了。由此，忽而想起一些喜欢养犬的人，一到冬天便为爱犬穿上了犬衣，不管合身不合身，难免给人几分滑稽的感觉——这才是真正的"衣冠禽兽"啊！

就《系辞下》这一句话来说，黄帝作为中华的"人文初祖"，有许多文明创造，其中大概有服饰形制的发明与垂示，据说这里也有尧、舜的功劳。那么，《系辞下》又为何说这件大事的成功，来自乾、坤给予的启示？《周易集解》引《九家易》云："黄帝以上，羽皮革木，以御寒暑。至乎黄帝，始制衣裳，垂示天下。衣，取象乾，居上覆物；裳，取象坤，在下含物也。"又引虞翻之言称："乾坤万物之韫，故以象衣裳。乾为明君，坤为顺臣，百官以治，万民以察，故天下治，盖取诸此也。"

大壮宫室

上古穴居而野处，后世圣人易之以宫室，上栋下宇，以待风雨，盖取诸大壮。

（《易传·系辞下》）

译文：

上古时期，原始先民住在野地的地穴中，后代圣人发明、建造了建筑物，从而改变了这种居住环境。建筑物的立柱向上，两坡顶的屋盖斜向而下，为的是经受风雨的侵袭，这一发明、建造建筑物的灵感，大概来自《周易》大壮卦。

中国古时候称建筑为宫室。这是《系辞下》关于宫室发明的一种解读，称上古时期，先民原本没有房子居住，只能住在荒僻之野的地穴里。后来，圣人（这里指黄帝）受大壮卦的启发而发明了宫室，把这种情况彻底改变了。大壮卦象为乾下震上，乾为天，震为雷，有雷在天上即雷雨之象。先民本来不得不蜷缩在空间非常逼仄的地穴里，现在住进建于地面之上的宫室中，那种自豪而崇高的感觉，是前所未有的，必然深深感到人自身力量的伟大。《周易正义》所以说："震雷为威动，乾天主刚健，雷在天上，是刚以动，所以为大壮。"这种景象，与其说是宫室的"大壮"，倒不如说是人自身智慧和力量的"大壮"。

象　征

是故易者，象也。象也者，像也。

（《易传·系辞下》）

译文：

　　所以《周易》一书所体现的易理的根本，在于象。卦爻符号系统所构成的易象以及所有的象的功能，在于象征。

这是《系辞下》关于"象"的一个简明的定义。整部《周易》所阐明的易理，不出于气、生、时、位、道、中、正、阴阳及其相互关系，而其根本，在于原始巫性的象、数、占、理。其中作为易理文化基因的，为象数。这一象数，在巫性占筮的理念和操作形制中，是"相倚"的，也就是说，是一种象即数、数即象的"原始混沌"。因而这里所说的"象"，实际上是包括"数"在内的。

《易传》所说的"象"，指卦象、爻象及其联系。卦爻之象，用来占筮即占断天下、家国与人的吉凶命运和前途，与语言哲学的能指、所指相关。卦爻符号是能指，占断的结果是所指。这种巫性的能指、所指，大致从战国中后期到汉初，有一个从"巫"向"史"的"轴心期"的理念转嬗与升华，这用雅斯贝尔斯的话来说，可以称为"轴心突破"——主要是哲学的突破。因此，《周易》的象数经过理念的转换，便产生了主要属于儒家的哲学、礼仁之学的喻义，它其实便是《周易》卦爻之象的象征。所以《系辞下》说"象也者,像也"。人们心中总有许多道理要讲,又是难以直接讲清楚的,这个时候,就用得着卦爻之象的象征性功能,来作拟似的表达。《周易浅述》说:"圣人立象以尽意,由八卦以及六十四卦,内外互变,皆象也。知此,则《易》书所有,不独天地雷风为象,即其言君臣政教,无非象也。"圣人难以"立象以尽意",这是前文阐析过的,而易象种种作为能指的象征性意蕴,是不可抹煞的。《周易尚氏学》说:"凡易辞无不从象生。韩宣子适鲁,不曰见《周易》,而曰见易象与《鲁春秋》,诚以易者象也,象者像也。言万物虽多,而八卦无不像之也。"人是"符号的动物",大凡符号系统,包括文学艺术的意象以及建筑、园林与工艺美术、服饰、器皿,等等,作为人所创造的一切符号之象,都具有一定的象征性所指。即使是自然景观,作为一种象,也富于象征性意蕴。"子在川上曰:'逝者如斯夫。'"(《论语·子罕》)便在于象征时间飞逝的迅捷而不可挽留。

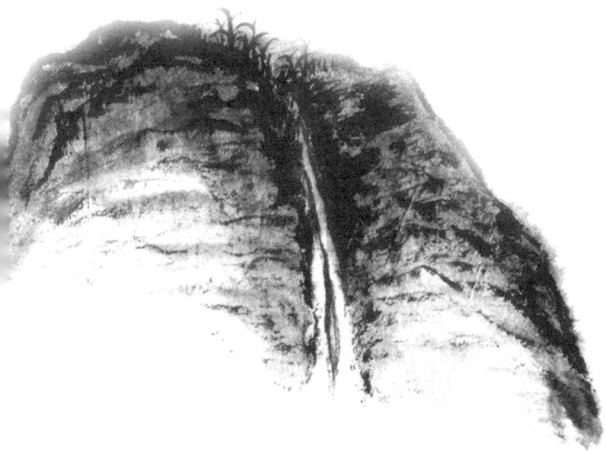

殊途同归

子曰:"天下何思何虑? 天下同归而殊途,一致而百虑。"

(《易传·系辞下》)

译文:

孔子说:"天下人对这个问题会作怎样的思考呢? 回答是:天下万类,发展的路径可以大不相同,但目的与归宿可能是一样的;思考问题的方法与角度是多样的,但可能达成一致的看法。"

这是"殊途同归"这一成语的出处,指人们所走的途径不同,却到达了同一个目的地。这一成语,揭示了方法与目的之间的复杂联系,它是人类社会实践的一个经验性总结,具有方法论意义。比方说,一道数学题,有时可以运用多种解题法作出解答。在科学实践中,发现或证明某一科学真理的实验手段,可以不止一种。医生诊治同一疾病时,不同的医生或同一个医生,可能采取不同或不尽相同的方法和手段,运用不同的药物进行医治,都可能达到治疗的效果。所谓"条条大路通罗马",也有这个意思。世间有无数不一样的人生,而人生的归宿,却是惊人的一致,即没有一个人可以不死。海德格尔说,人都是"向死而生"的。这并非什么悲观主义,而是清醒而冷峻地说出了一个残酷的真理。这里的关键,是强调人的生而不是死。死是既定的,每个人的人生,的确具有无限可能性。关键在于,要在有限的人生旅途中,活得精彩,活得美丽,活得有价值。其实,这也是一种"殊途同归"。

这一来自生活、生产情形的易学意义的解读，将其描述、归结为事物之间的"感应之理"，便是《系辞下》所说的"天下同归而殊途，一致而百虑"。明代蔡清《易经蒙引》有云："天下感应之理，本同归也，但事物则千形万状，而其途各殊耳；天下感应之理，本一致也，但所接之事物不一，而所发之虑亦因之有百耳。"说得在理。

这是从咸卦九四爻辞发挥而来的思想。咸卦九四爻辞说："憧憧往来，朋从尔思。"是说少男少女相感相悦，已经到了心心相印、以你思为我思的程度。这一爻辞的意义，是与咸卦卦象相应的。咸卦艮下兑上，艮为少男，兑为少女，咸者感也。此以少男、少女相感，比拟事物之间的自然感应之理。从而，由《系辞下》提炼为"殊途同归"之说（与此相应的，为"一致百虑"之言）。这一提炼，固然富于人文性，但并未真正从科学意义上揭示出方法与目的之间复杂联系的本然与机制，尚未回答为什么"殊途"可以"同归"这样的疑难问题。

知几其神，居安思危

子曰："危者，安其位者也；亡者，保其存者也；乱者，有其治者也。是故君子安而不忘危，存而不忘亡，治而不忘乱，是以身安而国家可保也。"

子曰："知几其神乎！"

（《易传·系辞下》）

注释：

几：机的本字，时机、契机的意思。

译文：

孔子说："危机，开始于身处安逸高位的时候；衰亡，开始于平安无事的时候；败乱，开始于天下大治的时候。因此，君子安逸时不忘危机，生机勃发时不忘衰亡，身处太平盛世时不忘此时正是天下大乱的开始，能够认识到这一点，那就自身安泰而国运、家道可保长久了。"

孔子说："从易筮可以知晓算卦征兆的神秘、神奇。"

这是两段载录于《系辞下》的孔子言论，是关乎生机即危机、危机即生机的伟大而深刻的易理大道，以及关于国家安危、存亡与治乱的政治箴言，可谓警钟长鸣，振聋发聩。

易道都是因"时"而变的。大道至简，仅为"变"而已。王弼《周易注》说："卦者，时也。"卦爻的根本，在于变。算卦在于变，由巫筮文化而提升的中国哲学、美学等，都强调一个变字，而变的本质规律，首先在于时的变化。任何事物的变化，都是因时、循时的。时变优先。这种变化，具有一个个节点，便是突变，而突变是从渐变开始的。所谓渐变，《易传》称为"几"（机）。这种"几"，表现在巫筮中，指因时、循时而出现的变爻现象，它在开始变化之初，对人而言，是神秘而神奇的，难以发现、认知与把握。因而孔子问：你知道神秘莫测的"几"吗？这个"几"，实际指事物变化之初的蛛丝马迹，好比"风起于青萍之末"，用《系辞下》的话来说，便是"几者，动之微，吉（这里缺一凶字)之先见(现)者也"。正因如此,大凡君子,都能"见几而作",唯有"夕惕若",虽处"厉"(危厉)之时,亦能"无咎",便没有过错。

"知几其神"这一易理运用于天下、家国与人事,便是须懂得安危、存亡与治乱因时、循时而变的道理。《周易集解》引崔憬云:"有危之虑,则能安其位不失也";"有亡之虑,则能保其长存者也";"有防乱之虑,则能有其治者也"。因而,应当未雨绸缪,在安而虑危。正如《周易正义》所言:"所以今有倾危者,由往前安乐于位,自以为安,不有畏慎,故致今日危也。"

安危、存亡、治乱,在一定条件下,会走向彼此的反面,所谓生机即危机、危机即生机,这是变易之理的根本所在。一个政治理性明晰而深谙变易之道的政治家,必具有居安思危的政治品格。汉武帝刘邦在刚刚扫灭楚霸王项羽与英布叛乱时,政治头脑还是相当清醒的,他在回到故乡沛县与乡亲父老宴酒时,曾作《大风歌》云,"大风起兮云飞扬,威加海内兮归故乡,安得猛士兮守四方",在大功告成之际,虽然踌躇满志,对天下的安定,还是有所忧虑的。中华人民共和国国歌《义勇军进行曲》在作为代国歌的岁月里,曾经有人主张改歌词,主要是将"中华民族到了最危险的时候"一句加以删改,但最终没改,确是深谙"知几其神,居安思危"这一易理的体现。

万物化生

天地絪缊,万物化醇;男女构精,万物化生。

(《易传·系辞下》)

注释:

　　构精:指男女精气的交合。精气为气的别一称名。

译文:

　　天地阴阳之气混沌未分,便是万物化育而醇厚的本源;男女阴阳之气交合,便是万物化生的根本。

这又是阐析中国生命文化、生命哲学与美学十分重要的一段文辞。它的意思是，天地者，阴阳也；阴阳者，气也。气是生命的缊缊状态，它是万物孕育、化生的本根。"缊缊"一词，或写作"氤氲"，两字皆从气。《庄子·知北游》说，"通天下一气耳"，气无时无处不在，这就无异于说，中国人所崇尚的天人合一，实际是天与人合一于"气"，也便是合一于"生"。当把天、地、人看作一个生、气的有机整体时，逻辑上必然会得出因为"男女构精"所以"万物化生"这一结论。也可以看作因为"男女构精"，所以"万物化生"，这是存在于《易传》哲学的来自远古生殖崇拜的人文孑遗。从方法论看，"男女构精"，为"近取诸身"；"万物化醇"，是"远取诸物"。古代中国人看世界与人，不仅"仰观俯察"，而且"近取远取"，这种方法，也是中国绘画艺术的主要"画法"，可见易理浸淫之深。

阴阳合德

子曰:"乾坤,其易之门邪?乾,阳物也;坤,阴物也。阴阳合德而刚柔有体,以体天地之撰,以通神明之德。"

(《易传·系辞下》)

注释:

　　撰:数。

　　德:性。

译文:

　　孔子说:"乾卦与坤卦,它们是认知整部《周易》卦符、易理的门径吗?乾卦之气,是阳性的元物;坤卦之气,是阴性的元物。阴性、阳性相互感应交合,而阳刚、阴柔之气化生为形体,用以体现天地的本然作为,通晓事物运化神秘、神奇的德性。"

乾坤二卦,居八卦之首。乾坤有如父母,下生震(长男)巽(长女)、坎(中男)离(中女)、艮(少男)兑(少女),此所以古人称"乾坤生六子"也。乾坤,居六十四卦之首,作为纯阳、纯阴之卦,其余六十二卦,都是乾坤二卦的变易,所以,乾坤卦是认识整个《周易》卦符、易理的门户。阳性事物,天之性;阴性事物,地之性。一切事物,都可以而且也必须以阴阳二性加以分判。阴阳二性的对立,便构成两者内在的矛盾运动,阴阳合德为天地本性,此乃自然之易。阴阳便是刚柔,刚柔体性,源自天地阴阳。乾坤既然为阴阳之物,自当有体。此明代何楷《古周易订诂》所以说,二者"有形可拟,故曰体;有理可推,故曰通"。《周易尚氏学》说:"阴阳合德,而万物乃生。各有其刚柔之体。体刚者得天数,体柔者得地数","天数九(老阳),地数六(老阴),言万物形体,皆受天地之数也"。《周易集解》引《九家易》:"隐藏,谓之神;著见(现),谓之明。阴阳交通,乃谓之德。"

称名取类

其称名也小，其取类也大。其旨远，其辞文，其言曲而中，其事肆而隐。

（《易传·系辞下》）

注释：

称名：称呼其名，给某一事物或现象取名。

取类：取某一类事物或现象加以归纳。

如前所述,类有类比的意思,是《易传》语言逻辑的主要方式,与《老子》所说的"道,可道非常道;名,可名非常名"的语言哲学相似。《周易浅述》说:"负乘往来,事之小;茅棘鸡豕,物之小。然取类皆本于阴阳,则大矣。其节(指本节文辞)皆阴阳道德性命之秘,远而难窥,其辞则经纬错综有文,灿然可见矣。委曲其辞者,未必皆中乎理,易则委曲而无不合理;敷陈其事者,无有隐而不彰,易则事虽毕陈,而理之所以然未尝不隐也。"说得真好。

译文:

　　六十四卦卦符系统所说的事类物名虽小,所比类的易理却广大而深刻。它的卦爻辞具有深远而难窥的易理,而文辞典雅、灿烂有章;它的文字叙述随物屈曲而循理宛转,却一语中的;用词恣肆无拘,而寓意幽隐。

易之道——忧患

《易》之兴也，其于中古乎？作《易》者，其有忧患乎？

《易》之兴也，其当殷之末世、周之盛德邪？当文王与纣之事邪？是故其辞危。危者使平，易者使倾。其道甚大，百物不废。慎以终始，其要无咎。此之谓易之道也。

（《易传·系辞下》）

译文：

《周易》本经的成书，大概在称为中古的殷代末期吧？那个演易并系卦爻辞的周文王，大概伤时忧国、心忧天下吧？

《周易》本经的演卦六十四并且系之以卦爻辞，大约是在殷代末期、周代初始的时候吧？大约正当西伯姬昌臣服商纣、被囚禁的历史时期吧？这便是卦爻辞有许多地方说到家国与天下危亡、忧患的缘故。人常怀警惧之心，能保平安；慢待轻忽，必遭报应。易道发扬光大，家国天下就不会废而不立。常怀忧患与敬畏之心，而且贯彻于始终，以易的原则立人行事，就不会有过错。这便是所谓的易道。

这是《系辞下》关于文王演易与身处忧患的两则文辞，放在一起来加以解读。

《汉书·艺文志》有"人更三圣，世历三古"之说，以传说中的伏羲时代为上古，文王时代为中古，孔子时代为下古。这里所言说的，是关于周文王演易的中古之事，时当殷周之际。《周易》这部作为"群经之首"的经典，是否为上古伏羲始创八卦、中古文王演易六十四、下古孔子撰作《易传》，易学界一直都有争论，问题复杂，这里暂且不论。从《系辞下》这两则有关文辞看，关于文王演易即推演六十四卦这一"史实"，并未给予肯定性的回答，只是加以提问罢了。可是，历代易学家出于对《周易》及其作者的崇拜，几乎异口同声，都说文王演易是毋庸置疑的。如东汉虞翻说，"兴《易》者谓庖牺也，文王书经"，"文王书《易》六爻之辞也"（李鼎祚《周易集解》引）。这里所谓"书经""书《易》六爻之辞"，指文王演易六十四卦并且撰作卦爻辞。《周易浅述》也说，此"指文王所系之辞。伏羲画卦，夏商虽以占卜，未有其辞。自文王拘于羑里，身经患难而系《象辞》，教人以反身修德，故曰'其有忧患乎'"。

所谓"文王演易"，是与他本人陷于羑里遭囚禁而身处忧患联系在一起的。意思是说，假如文王不是身在罹难之时，是不会推演六十四卦而系卦爻辞的。这等于是说，文王所以推演易符、易理，在于趋吉避凶，在于祈望出离忧患而向往乐悦之境，这便是关于易的人生理想。

这种人生理想，典型地体现了中国人一贯的人生追求。人生三件大事——"我能够知道什么""我应当做什么""我希望什么"，中国人在回答第三个问题时，一般是将希望寄托在当下、现世的。中国人认为，现世是一个充满了艰难、困苦、忧患但却快乐的时空。就人生忧患而言，《周易》说的是"生活之悲"，而不是"生命之悲"，是"人格之悲"，而不是"人性之悲"。周文王身陷囹圄，那是商纣无道加于文王现世的痛苦，并非欧西那般的人不能与宗教上帝同"在"的痛苦与忧患。中国人的忧患，一般是"伤时忧国"式的，从文王、屈原、杜甫、文天祥、袁崇焕到秋瑾等所遭遇的，莫不如此。当然，从西汉末印度佛教东渐，与佛教之"空"与"毕竟空"相系的"生命之悲""人性之悲"意识，对于中国传统主要由《周易》等所建构的这一思想格局，形成过巨大而持久的冲击和改变，可是最后还是被"中国化""本土化"了。还是这种"伤时忧国"式的忧患意识，牢固地"武装"着中国人的头脑。总之，在《周易》看来，人生忧患，仅仅是一种生活的暂态而已，归根结蒂是"乐天知命，故不忧"。

唯变所适

《易》之为书也不可远。为道也屡迁，变动不居，周流六虚，上下无常，刚柔相易，不可为典要，唯变所适。

（《易传·系辞下》）

注释：

典要：经典纲要。

译文：

《周易》作为占筮之书及所阐扬的易理，人生日用不可须臾远离和遗忘。该书所阐明的道理，在于言说天地万类一阴一阳变动不居，屡屡推移，无有穷时；它以每卦六爻象喻时空转换，刚柔相济；遵循自然的运化，拒绝人为妄则，不执求人间的典常要领，唯一所遵循的，是事物恒变的时宜。

这是《系辞下》关于易道的一个阐述。易道尚变，又不可拘泥于这个变。虽然事物或现象的变化是绝对的，但变化本身是有条件的，不可妄执，不可将易道的变与化看成死的教条。

这里所谓"不可远"，指《周易》所蕴含的易道，普在于世道、人心，人人生而用之，须臾不可离弃。《周易集解》引侯果："居则观象，动则玩占，故'不可远'也。""屡迁"，指易道化变，无有竟时。上引虞翻称："迁，徙也。日月周流，上下无常，故'屡迁'也。""六虚"，指每卦六爻作为筮符，"刚柔往来如寄，非实有也，故曰'虚'"（陈梦雷《周易浅述》）。"上下无常"，指事物没有常在而不变的本性。虞翻接着说："刚柔者，昼夜之象也。在天称上，入地为下，故'上下无常'也。"这是从天地、刚柔说上下，自无不可，而未说无常。关于"上下无常"四字的意义，我以为所谓上下，指易道因时而变；"无常"，指变无定则。无常一词，汉译佛典中常见，为性空义，便出于此，但改变了无常的本义。易与佛都说无常，一指事物或现象的运动变易没有死板的常则，此所以"神无方而易无体"；一指一切事物或现象及其变易，都是空幻不实的。一为有，一为空。总之，运用易道、易理以观察指导人生，应当时时处处因时而变，与时偕行，不可死读《周易》及其易理，必须因时、循时而灵活运用。

三才之道

《易》之为书也,广大悉备。有天道焉,有人道焉,有地道焉。兼三才而两之,故六。六者,非它也,三才之道也。

(《易传·系辞下》)

注释:

三才:天、地、人。才,或写作材。

译文:

《周易》由巫筮文化所生发的易道,将天下一切的道理都囊括在其中了,广大周致而完备。易道,包括天道、人道与地道。六十四卦的每一卦,都兼有天、地、人三极(三才)之道。五、上爻位象喻天道;初、二爻位象喻地道;三、四爻位象喻人道。上、下两个八卦相重而构成一个六爻卦,因此每个卦都有六个爻。六个爻位,没有其他喻义,都是象征天、地、人相合这三才之道的。

《周易浅述》将"兼三才而两之"的"两",解读为"阴阳",称"天、地、人各有阴阳,然后其道全而不偏",可从。

所谓"三才之道",实际指天人合一之道。今本《周易》分上经三十、下经三十四。据《易传》解读,以乾坤两卦为上经之首而象喻天道,以咸恒两卦为下经之首而象喻人道,全部六十四卦系统的主题喻义,为"推天道而明人事""循天道而成人事"。在喻义上,是一个天人合一的结构。

然而,《系辞下》把天人合一的"天"一分为二,称为"天道""地道",这是强调乾道的同时,又凸显坤道的缘故。《彖辞》称,"大哉乾元","至哉坤元"。《象辞》说,乾卦喻天,"天行健,君子以自强不息";坤卦象地,"地势坤,君子以厚德载物"。虽然乾天在前,坤地在后,两者却无有偏废。这种"三才之道"说为《系辞下》所独有。这一逻辑的特殊性,在于凸显"地道"在中国文化、哲学与美学中的特殊意义。在强调天性的同时,又强调地德,即集中体现于大地的儒家仁德的重要性。中国文化崇天而恋土,中国人对生我、养我而葬我的大地的情感,是非常强烈、深邃而难以割舍的。在我看来,这是《系辞下》所以将天人合一的"天"分为"天道""地道"的原因。

物相杂为文

道有变动，故曰爻。爻有等，故曰物。物相杂，故曰文。文不当，故吉凶生焉。

（《易传·系辞下》）

译文：

　　《周易》象喻大道恒变的，是交合变化的阴爻、阳爻。每卦六爻，上下、阴阳的爻位不一，所以物象不同，象喻贵贱等级。阴阳爻与所处爻位的关系错综复杂，便是"文"。所以，阴阳吉凶、刚柔动静以及是非、善恶与尊卑，等等，统称为天文、人文。阴阳爻所处的爻位适当或者不当，吉利或者凶险的占验结果就产生了。

这是关于"文"的来源和意义的解读。在现代汉语中,"文"这一汉字的意义繁多,主要指:汉字总称,记录汉语言的符号系统;文章、书面文字包括文言文的简称;自然天文、社会人文、礼仪形制与文明状态;作为姓氏与量词。而其本义,指原始文身(或写作纹身),是从人类原始社会直到现在还在流行的人体装饰的一种。甲骨卜辞的"文"写作夳,"象正立之人形,胸部有刻画之纹饰,故以文身之纹为文"(徐中舒主编《甲骨文字典》)。《说文解字》说:"文,错画也。象交文。"所言是。

《系辞下》对"文"这个汉字下了一个定义,称为"物相杂,故曰文"。多种因素的有序交杂,才能成"文",指易卦由阴阳爻符所构才能成其文。这也便是《国语·郑语》所说的"声一无听,物一无文"的意思。《论语·八佾》记孔子之言:"周监于二代,郁郁乎文哉,吾从周。"这里的文,指文化、文明与文章之类。《论语·公冶长》记子贡问孔子:"孔文子何以谓之文也?"孔子回答:"敏而好学,不耻下问,是以谓之文也。"此文,又指人格、人品等。《论语·雍也》记孔子之言:"质胜文则野,文胜质则史。文质彬彬,然后君子。"君子人格,便是内外一贯、文与质相互和谐的。然而归根结蒂,都是由甲骨文的"文"义发展而来的。而这里所说的"物相杂,故曰文",是与甲骨文的意义相应的。

关于"道有变动,故曰爻",陆绩云:"天道有昼夜日月之变,地道有刚柔燥湿之变,人道有行止动静、吉凶善恶之变。圣人设爻以效三者之变动,故谓之爻者也。"关于"爻有等,故曰物",干宝说:"等,群也。爻中之义,群物交集……众形万类,皆来发于爻,故总谓之物也。""物相杂故曰文",虞翻称:"乾阳物,坤阴物,纯乾纯坤之时,未有文章。阳物入坤,阴物入乾,更相杂,成六十四卦,乃有文章,故曰文。"(以上为李鼎祚《周易集解》所引)这里所谓文章的章,从音从十而并非从立从早,指完备、圆满的音声,与《周易》本经坤卦六三爻辞"含章可贞"

的"章"义相同，都象喻阴阳的和谐美善。关于"文不当，故吉凶生焉"，朱熹《周易本义》说："不当，谓爻不当位。"因而，筮遇不当爻位的变爻，筮得的结果，便往往是凶险而不吉利的。

穷理尽性

昔者圣人之作《易》也，幽赞于神明而生蓍，参天两地而倚数，观变于阴阳而立卦，发挥于刚柔而生爻，和顺于道德而理于义，穷理尽性以至于命。

（《易传·说卦》）

注释：

参：参，三。

译文：

往古圣人创构《周易》的时候，得到神秘、幽隐的天地神灵的佑助，从而发明以蓍为占筮的方法，依靠生数的一、三、五这三个奇数和二、四这两个偶数，建立算卦的天地之数，便是阳爻称九而阴爻称六，成就了"大衍之数"的占筮文化，仰观俯察天地阴阳的大化流行，创立用于占筮的卦符系统，由此发挥卦爻的刚柔德性，生发它的人文意义，使得由卦爻符号所象喻的道德伦理思想的传播，和悦而顺畅，治理天下家国，穷尽物理人心，以至于把握人类命运。

这是《说卦》的一段重要文辞,与《孟子·尽心上》"尽其心者,知其性也。知其性,则知天矣。存其心,养其性,所以事天也。夭寿不贰,修身以俟之,所以立命也"这一言说,在思想上是相应的。孟子的大意是说,大人(君子)用尽他的全部心力,就能推究人的心性道理。彻悟人的心性,就能知道、把握天命了。涵养自己的仁义道德与心性智慧,就可以侍奉老天了。人无论短命、长寿,只要修身养性,发扬良知,就能有待于天命的召唤而达成知天、事天的崇高目标。不过,《说卦》是从易理的角度来阐析这一儒家思想的。

《周易》算卦,以一、三、五、七、九为奇数,二、四、六、八、十为偶数,便是"大衍之数";又以一、二、三、四、五为生数,就生数看,奇数一、三、五象天,偶数二、四象地,所以说"参天两地"。

天人之道

昔者圣人之作《易》也,将以顺性命之理。是以立天之道曰阴与阳,立地之道曰柔与刚,立人之道曰仁与义。兼三才而两之,故《易》六画而成卦。分阴分阳,迭用柔刚,故《易》六位而成章。

（《易传·说卦》）

注释:

立:体现。

译文:

往古圣人创构《周易》,用它来顺随、成就天命与人类命运的易理。因而,用阴阳这两大概念,来体现天道存在、运化的对立统一;用柔刚这两大概念,来体现地道存在、运化的对立统一;用仁义这两大概念,来体现人道存在、运化的对立统一。每卦六爻,上两爻象喻天道,下两爻象喻地道,中两爻象喻人道,所以《周易》六十四卦的每卦以六个爻符为一卦。六个爻符居于六个爻位上,分出阴位、阳位,为交替而居的柔爻和刚爻,所以《周易》六个爻位的爻符,象喻天下、人生的真理而顺理成章。

阴阳,就天道而言;柔刚,就地道而言;仁义,就人道而言。易道兼有阴阳、刚柔、仁义。以阴阳、刚柔为天地自然之易,以仁义为人文社会之用,是从天人合一言说易道的自然与功用。

《周易浅述》有云:"理(易)在人为性,在天地为命。天无阴阳,则气机息(实为消之义);地无刚柔,则地维坠;人无仁义,则人道灭而禽兽矣。故曰立天、立地、立人。阴阳以气言,刚柔以质言,仁义以理言。仁,体刚而用柔,属乎阳;义,体柔而用刚,属乎阴。兼三才而两之。以全体言,则上两画为天,五阳而上阴(第五爻位为阳,第六爻位为阴);中两画为人,三仁而四义;下两画为地,初刚而二柔。以两卦(下、上各一八卦)分言,则上与三为天,三阳而上阴;五与二为仁,五仁而二义;四与初为地,四柔而初刚。'分阴分阳'以位言,初、三、五为阳,二、四、上为阴,阴阳各半,故曰分。'迭用柔刚'以爻言,柔六(柔爻称六)、刚九(刚爻称九)也。阳位刚爻居,柔爻亦居;阴位柔爻居,刚爻亦居。经纬错综,粲然有文,所谓'成章'也。"陈梦雷的这一段解读,从卦爻象数说阴阳、刚柔与仁义的意义,条分缕析,相当到位,不愧为清代易学名家。

"天经地义"的礼

有天地然后有万物,有万物然后有男女。有男女然后有夫妇,有夫妇然后有父子。有父子然后有君臣,有君臣然后有上下。有上下然后礼仪有所错。

（《易传·序卦》）

译文：

先有天地乾坤,然后万物产生;万物产生,然后有男女两性。有男女两性,然后配成夫妇家庭;有夫妇家庭,然后生儿育女,产生父子人伦关系。有父子人伦,然后有君王与臣属;有君王与臣属的政治伦理,然后分出尊卑、上下。有尊卑、上下,然后礼仪、等次、级差有所错落。

这是《序卦》的一段重要文辞,它的主题,用一"礼"字便可加以概括,并且将人伦之礼的逻辑根因,追溯到天地,构成了"天地—万物—男女—夫妇—父子—君臣—上下"这样一个逻辑链,是一种"牢不可破"的有与被有、生与被生的社会制度。

孔子力主"非礼勿视,非礼勿听,非礼勿言,非礼勿动"(《论语·颜渊》)。这位中国"大先生",生当"礼坏乐崩"的时代,对此痛心疾首,奔走呼号,将其一生的志向和事业,都交付给了"克己复礼为仁"(《论语·颜渊》)。《礼记·曲礼上》说:"道德仁义,非礼不成;教训正俗,非礼不备;分争辨讼,非礼不决;君臣、上下、父子、兄弟,非礼不定;宦学事师,非礼不亲;班朝治军,莅官行法,非礼威严不行;祷祠祭祀,供给鬼神,非礼不诚不庄。"在中国古代,礼主意志的整肃,在人际关系中,是时时处处存在而发挥功用的。

孔子将礼学发展到了仁学的程度。所谓"克己复礼为仁",便是克灭人自己的所有私欲,以天下为公,试图恢复周公所颁行的礼乐,使之真正成为人内心的自觉需求;通过教育,启迪、发现人的"良知"而成为圣贤。圣贤的言行,时时处处合乎道德礼仪的规范,"从心所欲不逾矩"(《论语·为政》),这同时也是"乐"的境界。孔子的天命思想,表现于畏、知二字。据《论语·季氏》所记孔子之言:"君子有三畏:畏天命,畏大人，畏圣人之言。"这里的畏，敬畏的意思。《论语·为政》又记孔子之言："五十而知天命。"这里的知，认知、把握的意思。关于天命，孔子抱着且畏且知的理性态度。孔子的礼—仁思想，有一个天学的依据与背景。

《序卦》有关礼的思想，是继承了孔子的，然而更强调礼仪的天学依据，将礼的合理性，拿到天上去加以证明。《左传·昭公二十五年》记有人问："敢问何谓礼?"答以子产之言："夫礼，天之经也，地之义也，民之行也。"《序卦》与此一脉相承。《序卦》关于礼的思想，是将天地设定为礼的逻辑原点，这是因为《周易》六十四卦序以乾坤为首，乾坤便是天地，"有天地然后万物生焉"，包括"天经地义"的礼。

礼的合理性，在于发现、承认人与人之间的不平等，并且以种种严肃甚而严厉的规矩来克服人的私欲，约束与规范人的言行。礼的不合理性，在于试图将中国绝大多数民众，塑造成俯首帖耳的"礼的动物"，唯知守礼、尊礼而不知礼之外还有无限广阔、深邃的世界。数千年来礼的精神统治与奴役，扼杀了无数追求真理的头脑和向往自由的精神。

索　引

（按首字拼音排序）

B

白贲，无咎。（贲卦䷕上九爻辞）／ 88

贲亨。柔来而文刚，故亨。分刚上而文柔，故"小利有攸往"。刚柔交错，天文也；文明以止，人文也。观乎天文，以察时变；观乎人文，以化成天下。（贲卦䷕《彖辞》）／ 90

剥，剥也，柔变刚也。"不利有攸往"，小人长也。顺而止之，观象也。君子尚消息盈虚，天行也。（剥卦䷖《彖辞》）／ 94

D

大观在上，顺而巽，中正以观天下。（观卦䷓《彖辞》）／ 86

大有，柔得尊位大中，而上下应之，曰大有。其德刚健而文明，应乎天而时行，是以元亨。（大有卦䷍《彖辞》）／ 76

大哉乾元，万物资始，乃统天。云行雨施，品物流形。大明终始，六位时成，时乘六龙以御天。乾道变化，各正性

命。保合大和，乃利贞。首出庶物，万国咸宁。（乾卦☰☰《彖辞》）／ 10

大壮，大者壮也。刚以动，故壮。大壮，利贞，大者正也。正大而天地之情可见矣。（大壮卦☳☰《彖辞》）／ 114

道有变动，故曰爻。爻有等，故曰物。物相杂，故曰文。文不当，故吉凶生焉。（《易传·系辞下》）／ 270

地势坤，君子以厚德载物。（坤卦☷☷《象辞》）／ 34

颠颐，吉。虎视眈眈，其欲逐逐，无咎。（颐卦☶☳六四爻辞）／ 106

动静有常，刚柔断矣。方以类聚，物以群分，吉凶生矣。在天成象，在地成形，变化见矣。（《易传·系辞上》）／ 180

F

范围天地之化而不过，曲成万物而不遗，通乎昼夜之道而知，故神无方而易无体。一阴一阳之谓道。继之者善也，成之者性也。（《易传·系辞上》）／ 192

飞龙在天，利见大人。（乾卦☰☰九五爻辞）／ 4

夫大人者，与天地合其德，与日月合其明，与四时合其序，与鬼神合其吉凶。先天而天弗违，后天而奉天时。天且弗违，而况于人乎？况于鬼神乎？（乾卦☰☰《文言》）／ 26

富有之谓大业，日新之谓盛德。生生之谓易。（《易传·系辞上》）／ 200

G

咸,感也。柔上而刚下,二气感应以相与。止而说,男下女,是以"亨,利贞。取女,吉"也。天地感而万物化生,圣人感人心而天下和平。观其所感,而天地万物之情可见矣。(咸卦☶《彖辞》) / 110

刚健,笃实,辉光,日新其德。(大畜卦☶《彖辞》) / 104

革,水火相息。二女同居,其志不相得,曰革。"巳日乃孚",革而信之。文明以说,大亨以正,革而当,其悔乃亡。天地革而四时成。汤武革命,顺乎天而应乎人。革之时大矣哉。(革卦☲《彖辞》) / 138

古者包牺氏之王天下也,仰则观象于天,俯则观法于地,观鸟兽之文与地之宜,近取诸身,远取诸物,于是始作八卦,以通神明之德,以类万物之情。(《易传·系辞下》) / 232

归妹,天地之大义也。天地不交,而万物不兴。归妹,人之终始也。(归妹卦☳《彖辞》) / 156

H

亨。出入无疾,朋来无咎。反复其道,七日来复。利有攸往。(复卦☷卦辞) / 96

亨。密云不雨,自我西郊。(小畜卦☴卦辞) / 60

黄帝、尧、舜垂衣裳而天下治,盖取诸乾、坤。(《易传·系辞

业,美之至也。(坤卦☷《文言》)/ 44

K

亢龙,有悔。(乾卦☰上九爻辞)/ 6

困,刚掩也。险以说,困而不失其所亨,其唯君子乎!"贞,大人吉",以刚中也。"有言不信",尚口乃穷也。(困卦䷮《彖辞》)/ 134

L

雷出地奋,豫。先王以作乐崇德,殷荐之上帝,以配祖考。(豫卦䷏《象辞》)/ 82

临,刚浸而长,说而顺,刚中而应,大亨以正,天之道也。(临卦䷒《彖辞》)/ 84

M

蒙。山下有险,险而止,蒙。蒙,亨,以亨行时中也。"匪我求童蒙,童蒙求我",志应也。"初筮告",以刚中也。"再三渎,渎则不告",渎蒙也。蒙以养正,圣功也。(蒙卦䷃《彖辞》)/ 50

明入地中,明夷。内文明而外柔顺,以蒙大难。文王以之。"利艰贞",晦其明也。内难而能正其志,箕子以之。(明夷卦䷣《彖辞》)/ 122

木上有火,鼎。君子以正位凝命。(鼎卦䷱《象辞》)/ 142

P

"否之匪人，不利，君子贞，大往小来"，则是天地不交而万物不通也，上下不交而天下无邦也。内阴而外阳，内柔而外刚，内小人而外君子。小人道长，君子道消也。(否卦☷☰《象辞》) / 68

Q

其称名也小，其取类也大。其旨远，其辞文，其言曲而中，其事肆而隐。(《易传·系辞下》) / 260

谦谦君子，用涉大川，吉。(谦卦☷☶初六爻辞) / 78

潜龙，勿用。(乾卦☰初九爻辞) / 2

R

仁者见之谓之仁，知者见之谓之知，百姓日用而不知，故君子之道鲜矣。(《易传·系辞上》) / 196

入于穴。有不速之客三人来，敬之，终吉。(需卦☵☰上六爻辞) / 54

S

上古穴居而野处，后世圣人易之以宫室，上栋下宇，以待风雨，盖取诸大壮。(《易传·系辞下》) / 242

是故法象莫大乎天地，变通莫大乎四时，县象著明莫大乎日月，崇高莫大乎富贵，备物致用，立成器以为天下利，莫大乎圣人。（《易传·系辞上》）／218

是故易有太极，是生两仪，两仪生四象，四象生八卦，八卦定吉凶，吉凶生大业。（《易传·系辞上》）／214

是故易者，象也。象也者，像也。（《易传·系辞下》）／244

损，损下益上，其道上行。损而"有孚，元吉，无咎，可贞，利有攸往。曷之用？二簋可用享"，二簋应有时，损刚益柔有时。损益盈虚，与时偕行。（损卦䷨《彖辞》）／130

T

"泰：小往大来，吉，亨"，则是天地交而万物通也，上下交而其志同也。内阳而外阴，内健而外顺，内君子而外小人。君子道长，小人道消也。（泰卦䷊《彖辞》）／64

探赜索隐，钩深致远，以定天下之吉凶，成天下之亹亹者，莫大乎蓍龟。（《易传·系辞上》）／220

天地细缊，万物化醇；男女构精，万物化生。（《易传·系辞下》）／256

天地盈虚，与时消息，而况于人乎？况于鬼神乎？（丰卦䷶《彖辞》）／158

天地之大德曰生，圣人之大宝曰位。何以守位曰仁，何以聚人曰财。理财正辞、禁民为非曰义。（《易传·系辞下》）／228

天行健，君子以自强不息。（乾卦☰《象辞》）／ 12

天尊地卑，乾坤定矣。卑高以陈，贵贱位矣。（《易传·系辞上》）／ 176

同人于野，亨，利涉大川，利君子贞。（同人卦☰卦辞）／ 72

W

"未济，亨"，柔得中也。"小狐汔济"，未出中也。"濡其尾，无攸利"，不续终也。虽不当位，刚柔应也。（未济卦☲《象辞》）／ 172

无妄之灾。或系之牛，行人之得，邑人之灾。（无妄卦☰六三爻辞）／ 100

X

昔者圣人之作《易》也，将以顺性命之理。是以立天之道曰阴与阳，立地之道曰柔与刚，立人之道曰仁与义。兼三才而两之，故《易》六画而成卦。分阴分阳，迭用柔刚，故《易》六位而成章。（《易传·说卦》）／ 276

昔者圣人之作《易》也，幽赞于神明而生蓍，参天两地而倚数，观变于阴阳而立卦，发挥于刚柔而生爻，和顺于道德而理于义，穷理尽性以至于命。（《易传·说卦》）／ 274

见乃谓之象，形乃谓之器。（《易传·系辞上》）／ 212

见群龙无首，吉。（乾卦☰"用九"之辞）／ 8

小过，小者过而亨也。过以利贞，与时行也。(小过卦䷽《彖辞》) / 166

形而上者谓之道，形而下者谓之器，化而裁之谓之变，推而行之谓之通，举而错之天下之民谓之事业。(《易传·系辞上》) / 226

需，须也。险在前也，刚健而不陷，其义不困穷矣。需，"有孚，光亨，贞吉"，位乎天位，以正中也。"利涉大川"，往有功也。(需卦䷄《彖辞》) / 56

巽乎水而上水，井。井养而不穷也。"改邑不改井"，乃以刚中也。(井卦䷯《彖辞》) / 136

Y

易穷则变，变则通，通则久。(《易传·系辞下》) / 234

《易》有圣人之道四焉：以言者尚其辞，以动者尚其变，以制器者尚其象，以卜辞者尚其占。(《易传·系辞上》) / 208

《易》之为书也不可远。为道也屡迁，变动不居，周流六虚，上下无常，刚柔相易，不可为典要，唯变所适。(《易传·系辞下》) / 266

《易》之为书也，广大悉备。有天道焉，有人道焉，有地道焉。兼三才而两之，故六。六者，非它也，三才之道也。(《易传·系辞下》) / 268

《易》之兴也，其于中古乎？作《易》者，其有忧患乎？

《易》之兴也，其当殷之末世、周之盛德邪？当文王与纣之事邪？是故其辞危。危者使平，易者使倾。其道甚大，百物不废。慎以终始，其要无咎。此之谓易之道也。(《易传·系辞下》) / 262

有天地然后有万物，有万物然后有男女。有男女然后有夫妇，有夫妇然后有父子。有父子然后有君臣，有君臣然后有上下。有上下然后礼仪有所错。(《易传·序卦》) / 278

舆说辐，夫妻反目。(小畜卦䷈九三爻辞) / 62

与天地相似，故不违。知周乎万物而道济天下，故不过。旁行而不流，乐天知命，故不忧。安土敦乎仁，故能爱。(《易传·系辞上》) / 188

原始反终，故知死生之说。精气为物，游魂为变，是故知鬼神之情状。(《易传·系辞上》) / 184

元者，善之长也。亨者，嘉之会也。利者，义之和也。贞者，事之干也。君子体仁足以长人，嘉会足以合礼，利物足以和义，贞固足以干事。君子行此四德者，故曰乾：元，亨，利，贞。(乾卦䷀《文言》) / 16

兑，说也。刚中而柔外，说以利贞。是以顺乎天而应乎人。说以先民，民忘其劳。说以犯难，民忘其死。说之大，民劝矣哉！(兑卦䷹《彖辞》) / 162

Z

直其正也，方其义也。君子敬以直内，义以方外。敬义立

而德不孤。"直方大，不习，无不利"，则不疑其所行也。（坤卦䷁《文言》）／42

至哉坤元，万物资生，乃顺承天。坤厚载物，德合无疆。含弘光大，品物咸亨。（坤卦䷁《彖辞》）／30

屯，刚柔始交而难生。动乎险中，大亨贞。雷雨之动满盈，天造草昧，宜建侯而不宁。（屯卦䷂《彖辞》）／48

子曰："君子进德修业，忠信所以进德也。修辞立其诚，所以居业也。"（乾卦䷀《文言》）／20

子曰："君子之道，或出或处，或默或语。二人同心，其利断金。同心之言，其臭如兰。"（《易传·系辞上》）／204

子曰："乾坤，其易之门邪？乾，阳物也；坤，阴物也。阴阳合德而刚柔有体，以体天地之撰，以通神明之德。"（《易传·系辞下》）／258

子曰："书不尽言，言不尽意。"然则圣人之意，其不可见乎？子曰："圣人立象以尽意。"（《易传·系辞上》）／222

子曰："天下何思何虑？天下同归而殊途，一致而百虑。"（《易传·系辞下》）／248

子曰："危者，安其位者也；亡者，保其存者也；乱者，有其治者也。是故君子安而不忘危，存而不忘亡，治而不忘乱，是以身安而国家可保也。"

子曰："知几其神乎！"（《易传·系辞下》）／252

后　记

这是笔者近年继《〈周易〉通识》之后，关于易文化的第二本小书。从《周易》本经的卦爻辞与《易传》中选取近百文句略加阐说，未知是否妥切。

易道广大、精微而至简，大要在于一个"变"字，体现于易的哲学与礼仁之学等，包括象、数、气、道、生、理、时、位、中正、中和与阴阳五行之类，都浸透了易之尚"变"的中华人文精神。

这一人文精神的积淀与超越，源自《周易》巫筮。因而，解读《周易》百句文义，依然必须回溯其巫性的象数基础，其中主要是爻位说的解易理念与方法，也许可以帮助读者诸君窥知百句文蕴之一二，祈识者教正。

王振复
甲辰孟春